高等职业教育汽车类专业校企合作“互联网+”创新型教材

新能源汽车概论

主　编　严朝勇

副主编　黄　剑　黄俊刚

参　编　李　化　李维兴

机械工业出版社

本书共有6个模块，包括新能源汽车概述、电动汽车核心技术、纯电动汽车、燃料电池电动汽车、混合动力电动汽车和充电系统。本书对新能源汽车的基本概念、类型、结构、原理和车型实例进行了详细介绍，同时融入了素养课堂内容。本书双色印刷，内容深入浅出、图文并茂，重点知识点还配有相应的动画或视频，学生通过扫描二维码可实时查看。通过本书学习，学生可以比较全面地掌握新能源汽车技术的相关基础知识，为以后专业课程的学习打下基础。

本书可作为职业院校新能源汽车技术专业的教材，也可作为汽车相关专业的选修教材。

图书在版编目（CIP）数据

新能源汽车概论/严朝勇主编. —北京：机械工业出版社，2022.1（2023.2重印）

高等职业教育汽车类专业校企合作“互联网+”创新型教材

ISBN 978-7-111-48938-2

Ⅰ.①新… Ⅱ.①严… Ⅲ.①新能源－汽车－高等职业教育－教材 Ⅳ.①U469.7

中国版本图书馆CIP数据核字（2022）第016232号

机械工业出版社（北京市百万庄大街22号 邮政编码100037）

策划编辑：蓝伙金 责任编辑：蓝伙金 谢熠萌

责任校对：闫玥红 李 婷 封面设计：鞠 杨

责任印制：任维东

北京富博印刷有限公司印刷

2023年2月第1版第3次印刷

184mm×260mm·8.5印张·206千字

标准书号：ISBN 978-7-111-48938-2

定价：36.00元

电话服务 网络服务

客服电话：010-88361066 机 工 官 网：www.cmpbook.com

010-88379833 机 工 官 博：weibo.com/cmp1952

010-68326294 金 书 网：www.golden-book.com

机工教育服务网：www.cmpedu.com

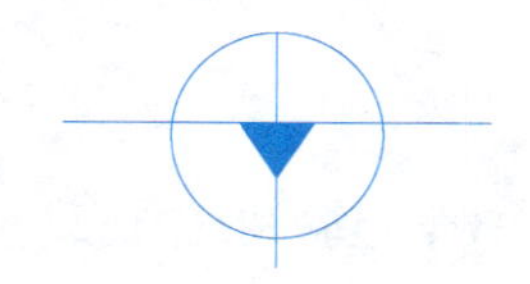

序

教材是教学过程的主要载体，加强教材建设是深化教学改革的有效途径，是推进人才培养模式改革的重要条件，也是保障教学基本质量、培养高端技能型人才和技术应用型人才的重要基础。

为了深入贯彻党的十九大精神和全国教育大会部署，落实党中央、国务院关于教材建设的决策部署和《国家职业教育改革实施方案》有关要求，弘扬劳动光荣、技能宝贵、创造伟大的时代风尚，深化职业教育“三教”改革，突出职业教育的类型特点，统筹推进教师、教材、教法改革，深化产教融合、校企合作，适应新时期汽车行业的快速发展和汽车产业转型升级需要，实现“专业设置与产业需求对接、课程内容与职业标准对接、教学过程与生产过程对接”，推进高等职业教育汽车类专业的高质量发展，我们在市场调研和专家论证的基础上，组织了一批优秀高职院校名师和一线企业专家组成编写委员会，以校企合作形式，共同编写了本套“高等职业教育汽车类专业校企合作‘互联网+’创新型教材”。

一、编写依据、指导思想和编写原则

1. 编写依据

本套教材以教育部《关于组织开展“十三五”职业教育国家规划教材建设工作的通知》（教职成司函〔2019〕94号）文件精神和《职业教育专业目录（2021年）》为编写依据，并结合汽车行业发展，重点开发新能源汽车、智能控制技术、智能网联汽车等急需紧缺的战略性新兴领域。

2. 指导思想

本套教材以“一主线三融合四服务”为构建思路。“一主线”，即以能力培养目标为主线。“三融合”，即融合企业职业标准，融合知识、能力及素质培养，融合线上线下+课内课外学习。“四服务”，即内容体系为认识规律服务，理论基础为技术应用服务，媒体资源为教学（自主学习）服务，教学模式为教学目标达成服务，实施课程体系改革并系统建设立体化教材。

3. 编写原则

本套教材以“必需、够用”为编写原则，以企业需求为基本依据，兼顾行业升级需要和降低城市雾霾等环境保护的新要求，突出新能源汽车的新知识、新技术、新工艺和新方法。

二、教材特色

本套教材从企业实际出发，以培养技术应用型人才为主，在总结多年教学经验和已有教材的基础上，充分吸取先进职教理念和方法，形成如下特点。

1. 突出职教特色，坚持质量为先

本套教材遵循技术技能人才成长规律，知识传授与技术技能培养并重，配合推进三教（教师、教材、教法）改革，创新编写模式，以“理实一体”为编写理念，以企业需求和岗位需要为依据，对接职业标准和岗位要求，突出职业岗位核心能力的培养，加强技能训练。

2. 突出“校企合作，产教融合”，提高与行业企业的契合度

本套教材坚持产教融合，校企双元开发，强化行业指导、企业参与，注重吸收行业企业技术人员、能工巧匠等深度参与教材编写。课程以最新专业目录为依据，结合产业转型升级需要，及时将产业发展的新技术、新工艺、新规范，包括智能网联汽车、新能源汽车技术、汽车智能制造技术等融入教材。

3. 体现“互联网＋职业教育”，提高师生的满意度

本套教材围绕“互联网＋职业教育”发展需求，探索配套资源开发、信息技术应用，是统筹推进的新形态立体化教材。本套教材配套多种形式的数字化教学资源，为教学组织提供了较大的选择空间。

三、教材编写队伍

本套教材由机械工业出版社，广东交通职业技术学院、哈尔滨工业大学（威海）、深圳职业技术学院、韶关学院、顺德职业技术学院、广东机电职业技术学院、广州科技贸易职业技术学院、东莞职业技术学院、河源职业技术学院、广东农工商职业技术学院等10多所职业院校和广州丰田汽车特约维修有限公司、深圳深业汽车集团、柯柏文（深圳）科技有限公司、南京奥吉汽车研究院、深圳风向标教育资源股份有限公司等一线企业、研究单位组织编写，编写团队包括院校院/校长、专业名师、学科带头人、骨干教师和企业高管、企业专家、技术骨干。本套教材结合高职院校“双高计划”、一流专业等建设项目，充分体现了“产教结合，校企合作”的开发特色，有利于教材反映最新的技术和最新的教学成果，为保证教材的质量、水平提供了丰富的资源支持，奠定了良好基础。

高等职业教育汽车类专业校企合作“互联网＋”创新型教材
编写委员会

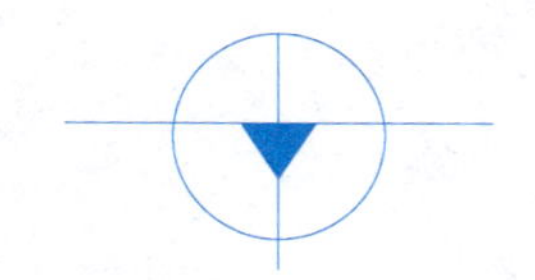

前　言

新能源汽车正在从技术研发、示范推广向产业化阶段快速推进，使得新能源汽车成为新一轮科技革命背景下的新兴产业，发展新能源汽车已成为全球的共识。新能源汽车产业的发展对改善交通安全、实现节能减排、减少拥堵、提升社会效率发挥了极其重要的作用，并可拉动汽车、电子、通信、服务、社会管理等协同发展。

随着现代工业化的不断发展，传统内燃机汽车造成的能源危机和生态环境恶化不断加剧。新能源汽车采用电力或其他新能源驱动，不消耗或降低了石油能源消耗，更加节能环保。新能源汽车的开发与推广已经成为现代汽车发展的趋势。

本书基于企业对技能型人才的实际需要，对接行业企业职业标准及能力培养需要，在精准定位学生应该具备的知识结构和能力结构的基础上编写而成。本书共有6个模块，包括新能源汽车概述、电动汽车核心技术、纯电动汽车、燃料电池电动汽车、混合动力电动汽车和充电系统。本书对新能源汽车的基本概念、类型、结构、原理和车型实例进行了详细介绍，同时融入了素养课堂内容。本书双色印刷，内容深入浅出、图文并茂，重点知识点还配有相应的动画或视频，学生通过扫描二维码可实时查看。通过本书学习，学生可以比较全面地掌握新能源汽车技术的相关基础知识，为以后专业课程的学习打下基础。

本书由严朝勇任主编，黄剑、黄俊刚任副主编。模块一、二由严朝勇编写；模块三由黄剑编写；模块四由李维兴编写；模块五由黄俊刚编写；模块六由李化编写。全书由严朝勇统稿。

由于书中引用的参考文献数量较多、来源广泛，特向相关作者表示由衷的谢意。由于新能源汽车技术发展的历史较短，一些关键技术还处于研究中，加上编者水平有限，会有许多疏漏、错误与不足之处，敬请专家和读者批评指正，以便再版时修正。

编　者

二维码清单

名　　称	二　维　码	名　　称	二　维　码
1. 新能源汽车结构认知		8. 整车控制器结构和工作原理	
2. 动力蓄电池系统		9. 高压系统及其工作原理	
3. 动力蓄电池管理系统		10. 燃料电池电动汽车结构和工作原理	
4. 交流异步电机结构和工作原理		11. 燃料电池结构和工作原理	
5. 电动汽车空调暖风系统结构和工作原理		12. 增程式电动汽车结构和工作原理	
6. 纯电动汽车结构和工作原理		13. 电动汽车交流充电系统结构和工作原理	
7. 电机控制器结构和工作原理			

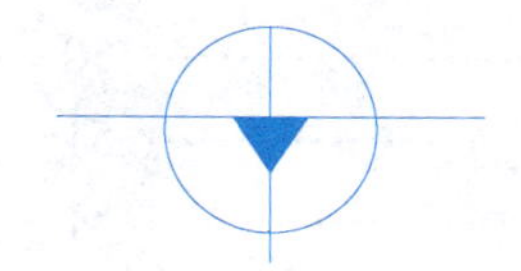

目　录

模块一 新能源汽车概述

【教学目标】

通过对本模块的学习，读者能够熟悉新能源汽车的发展现状、新能源汽车的发展背景、掌握新能源汽车的概念和分类，以及了解电动汽车动力深度电气化、车身底盘轻量化、整车智能网络化。

【教学要求】

知识目标：

1. 了解新能源汽车发展现状及趋势。
2. 熟悉能源汽车发展起因、时代背景。
3. 掌握新能源汽车的概念和分类及特性。
4. 了解电动汽车动力深度电气化、车身底盘轻量化和整车智能网络化。

技能目标：

新能源汽车的认知。

【引言】

根据《新能源汽车产业发展规划（2021—2035年）》征求意见稿，目标到2025年、2030年，新能源汽车销量分别占当年汽车总销量的20%和40%。当前，我国新能源汽车产销量全球第一，技术和产品基本与国际处于同一水平线上。新能源汽车是走向汽车强国的主要路线之一，仍是国家重要支持的产业方向，可能会有更完善的配套政策为整个产业保驾护航。

通过对本模块的学习，读者可以较全面地了解新能源汽车的概念和分类及技术发展。

近年来，随着我国新兴能源的大力发展，新兴能源在汽车行业的应用已成为未来汽车行业发展的重要基础，并且随着我国人工智能技术的兴起，人工智能技术与新能源汽车的结合已成为汽车行业发展新的趋势，也为新能源汽车的发展注入了新的动力。

1.1 新能源汽车的发展现状

在《中国制造 2025》中，关于我国新能源汽车的发展只有一小段的内容，但是其有深刻内涵。在这段不到 150 字的文字中包含了几层含义。第 1 层就是明确提出新能源汽车的发展战略并不会停止，电动汽车以及燃料电池电动汽车的发展都将受到国家政策的支持。

从当前燃料能源的严峻形势来看，新能源汽车必将成为未来发展的重点，当前新能源汽车的发展方向会进一步朝着智能化、互联化、安全性的方向靠拢。新能源汽车的发展不仅是新能源汽车的研发设计和新能源汽车的制造，还涉及充电设施等的完善和服务，充电桩的安装、维护、管理，充电设施的网络信息提供，蓄电池的更换、回收与处理，新能源汽车的租赁使用服务等。

第 2 层是提出了新能源汽车采用低碳化、信息化以及智能化技术的更高的要求。这三种核心技术目前在许多领域都得到了广泛的应用。第 3 层提出了我国汽车行业中科研成果转化为实际产品能力较弱的问题。产生这一现象主要是因为我国行业内对于工程化以及产业化的轻视，若解决此问题，不仅能够让新能源汽车市场得到更好的发展，对于整个制造行业来说也将是一个重大利好。第 4 层次说明的是传统汽车行业需要向新能源汽车行业逐渐转型升级，这是因为随着汽车普及程度的提高，能源、环境、安全等方面的压力增加，汽车行业需要进行自身的调整来保持可持续发展。最后一个层次说的是我国自主研发的新能源汽车需要与国际先进水平相媲美。因此在各个方面，我国的新能源汽车行业都需要不断发展。

（1）纯电动汽车技术　纯电动汽车不依靠其他燃料能源，直接通过电力驱动的方式保证汽车内部机械的运动，即以电机带动汽车的机械装置。

在这种驱动方式中，一般需要安装电力积蓄装置，这也是纯电动汽车难以普及的技术难点之一，目前，电动汽车的电力续驶系统设计以及电力动力性能设计是纯电动汽车发展的难点。

目前在汽车上经常使用的蓄电池为磷酸铁锂蓄电池和镍钴锰三元锂蓄电池，单体能量密度达到 140W · h/kg 以上，这两种蓄电池的续驶能力较强，且支持快充，已经被广泛用于一些纯电动汽车中。

（2）插电式混合动力（含增程式）电动汽车技术　增程式电动汽车它是在纯电动汽车上加装一套内燃机作为电力源的充电系统，其目的是减少汽车的污染，提高电动汽车的行驶里程；插电式混合动力电动汽车是可以直接由外接电源充电的重度混合动力电动汽车，而且其蓄电池容量较大，可以靠纯电力驱动行驶较远的距离（目前我国的要求是综合工况下行驶 50km），因此其对内燃机的依赖较少。

（3）燃料电池电动汽车技术　相对于蓄电池来说，我国对于燃料电池的研究还处于比较初级的阶段，目前主要精力放在对氢燃料电池的研究，但由于氢本身不稳定，因此这种燃料电池技术也没有得到广泛的应用。

燃料电池车辆通过无氧化学反应在氢气和氧气之间产生能量，其不仅符合新能源汽车的技术要求，也能够充分利用清洁能源，促进低碳经济的良好发展。从未来应用需求上来说，燃料电池电动汽车的发展前景要远远高于纯电动汽车和混合动力电动汽车，其原因在于燃料电池电动汽车不需要经常充电，只需要增加燃料就可以维持汽车持续的动力。

新能源汽车在全世界范围内都有着很好的发展前景，其发展意义也顺应世界经济科技发展的趋势，所以我国应当抓住新能源汽车的发展机会，积极发展新能源汽车技术，解决我国资源短缺和环境污染问题，保证我国的可持续发展，让我国的经济科技实力可以处于世界领先地位。

目前我国新能源汽车发展方向有以下几个方面：

1）油电混合动力汽车技术。油电混合动力汽车就是燃油发动机与电机相结合，驾驶人可以在燃油动力和电动力之间自由切换的汽车，这种汽车结合了传统汽车与新能源汽车的优点，续驶能力很好。油电混合动力汽车相对于传统汽车有着很好的经济效能和环保效能，有着很好的发展前景。

2）氢燃料汽车技术。新能源并不只是电能，环保无污染的非传统能源都可以称为新能源，氢能成为人们优先考虑的能源，我国的氢气储备量比较充足，若是将这种能源应用到汽车技术上，汽车的环保效能将会被提高到一个新的层次。但我国对于氢气的应用技术还不够完善，所以氢燃料汽车技术目前只能作为一个发展方向。

3）太阳能汽车技术。太阳能技术已经在我国各个领域有所发展，也很好地解决了我国资源紧缺的问题，若把太阳能技术应用到汽车行业上，汽车的经济效能会提高很多。但太阳能也存在着很大的局限性，若是阴雨天气，太阳光线比较弱，汽车的动力就无法满足。但随着科技的发展，太阳能汽车的发展前景还是很好的。

经过近年来的发展，中国新能源汽车产业取得了长足进步。一方面，中国新能源汽车产业市场规模逐渐增大，已掌握部分电池、电机等关键核心技术，新能源乘用车企业等产业主体的竞争格局初步形成。另一方面，为支持新能源汽车产业发展，中国相继出台了一系列产业支持政策，目前已形成国家层面支持政策和地方层面支持政策相配套的政策体系。未来，随着中央和地方产业支持政策的进一步完善、产业进入者的不断增加和充电基础设施布局的加快推进，中国新能源汽车产业发展进程将进一步加快，新能源产业的国际竞争力也将加大。新能源汽车将成为汽车产业转型升级的重要方向。

2020年11月2日，国务院办公厅印发了《新能源汽车产业发展规划（2021—2035年）》（以下简称《规划》）。《规划》提出，到2025年，“纯电动乘用车新车平均电耗降至12.0千瓦时/百公里，新能源汽车新车销售量达到汽车新车销售总量的20%左右，高度自动驾驶汽车实现限定区域和特定场景商业化应用，充换电服务便利性显著提高。”

1.2　新能源汽车的发展背景

在国家政策的支持下，我国新能源汽车产业蓬勃发展，国内市场占有率超过95%。新能源汽车作为我国战略性新兴产业，对新时期发展低碳经济、提升国家综合实力、增强新兴产业竞争力有着十分重要的作用，是中国汽车产业赶超世界汽车强国的一次难得机遇。然而，我国新能源汽车产业存在着基础配套设施不完善、关键技术不成熟等诸多难题。因此结合新能源汽车产业发展的特点，从自身的实际情况出发，制订符合我国新能源汽车产业自身实际的发展路线和策略，就成为我国新能源汽车产业发展的重要课题。

2016年，我国新能源汽车产销量双双突破50万辆大关，汽车技术及产业化方面均取得了重大突破，但也出现了“骗补”，销售数据造假等一些风波。在这种形势下，加强对新能源汽车产业化和技术发展策略研究，借鉴发达国家在新能源汽车产业化、技术发展、政策体系三方面的经验，分析我国新能源汽车产业发展面临的机遇和挑战，为我国新能源汽车产业发展路径和政策制订提出合理化建议，对促进我国汽车产业把握历史机遇，顺利实现产业升级具有重大的现实意义。

到2035年，纯电动汽车成为新销售车辆的主流，公共领域用车全面电动化。在政策的推动下，未来我国新能源汽车的发展前景较好。对任何一个新兴战略产业而言，导入期是最为艰难的一个时期，在此阶段新兴产业技术不成熟，产业链不完整，配套设置不完善，市场认知度和接受程度较低，产业自身发展方向、前景不明确，产品缺乏竞争力。在此阶段需要政府从政策、财政、技术等多方面予以扶持和引导。具体到新能源汽车产业，在此阶段的主要任务是通过制订产业发展战略，展示国家对新能源汽车产业发展的决心和目标，设立战略基础性科研项目，促进新能源汽车产业取得技术创新性突破。在产业孕育期，产业发展需要从政策扶持向市场主导转变，在政策保驾护航的同时，充分发挥市场的主导作用，引导企业积极参与市场竞争，使新能源汽车产业在市场竞争中逐步发展壮大。在产业发展的第三阶段即产业起飞期，政府要着力关注产业的有序发展，通过制订完善的汽车行业相关标准和市场准入机制，防止社会资源无序进入，维持产业高速、稳定、有序发展。新能源汽车产业发展路径如图1-1所示。

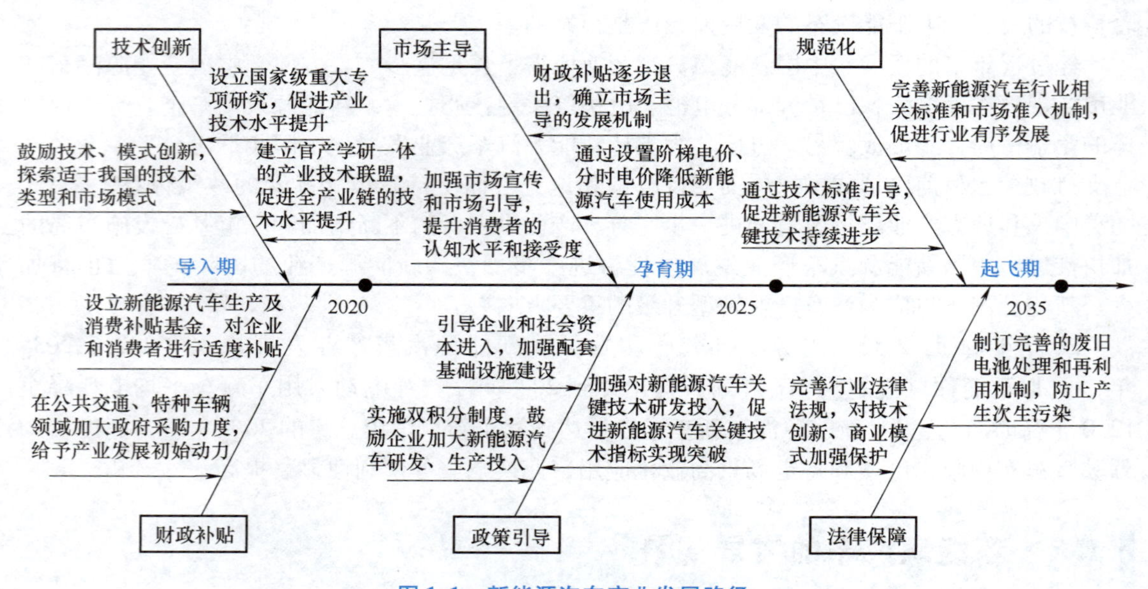

图1-1 新能源汽车产业发展路径

1.3 新能源汽车的概念和分类

1.3.1 新能源汽车的概念

新能源汽车的概念是相对的，主要是为了与传统的以汽油、柴油为燃料的汽车做区分。目前世界各国对新能源汽车都没有明确的定义，在美国对于“新能源汽车”的定义指的是

“替代燃料汽车”（Alternative Fuel Vehicle，AFV）。基于美国1992年能源政策法案的定义，替代燃料包括生物燃油、天然气、丙烷、电力、E85乙醇汽油、甲醇等。替代燃料汽车是指至少使用一种替代燃料驱动的汽车，这一概念相当宽泛。在中国，新能源汽车概念来源于“十五”期间，以万钢为首的专家组提出的“三纵三横”新能源发展战略，主要是指混合动力电动汽车、燃料电池电动汽车及纯电动汽车。

新能源汽车在我国主要是指采用新型动力系统，完全或主要依靠新型能源驱动的汽车，主要包括纯电动汽车、插电式混合动力（含增程式）电动汽车及燃料电池电动汽车。

新能源汽车使用的电源包括超级电容器、燃料电池、镍氢蓄电池以及锂离子蓄电池等。制约新能源汽车发展的主要原因是，这些蓄电池的技术并未完全成熟，使得新能源汽车从续驶、动力以及成本上与传统汽车相比还存在较大的差距。

1.3.2　新能源汽车的分类

新能源汽车主要包括纯电动汽车、插电式混合动力（含增程式）电动汽车、燃料电池电动汽车等。目前投放市场的新能源汽车主要有纯电动汽车、插电式混合动力（含增程式）电动汽车。

1. 纯电动汽车

纯电动汽车，是指以车载电源为动力，用驱动电机驱动车辆行驶，符合道路交通、安全法规各项要求的车辆。纯电动汽车以动力蓄电池作为汽车动力来源，提供电能给驱动电机驱动车辆行驶。纯电动汽车没有传统发动机，驱动电机是唯一的驱动动力，而动力蓄电池是唯一的动力源。

此外，纯电动汽车的再生制动系统与传统燃油汽车不同。再生制动系统的功能除了对车辆产生制动作用外还具有能量回收的功能（包括车辆惯性滑行的富余动能）。再生制动系统利用驱动电机的控制技术实现驱动电机的发电运行，使减速制动时的能量回馈给动力蓄电池，从而得到再生利用。目前回收能量占10%～20%，这是传统汽车不可比拟的。

2. 插电式混合动力（含增程式）电动汽车

插电式混合动力电动汽车动力系统的结构和普通油电混合动力汽车相似，包括发动机、电动机/发电机和动力蓄电池等。但是插电式混合动力电动汽车的蓄电池容量一般都比较大，并且可从外部电网对动力畜电池充电，所以插电式混合动力电动汽车的纯电动续驶里程较长。同时，插电式混合动力电动汽车可以像普通油电混合动力汽车一样工作。在动力蓄电池电量充足时的短距离行驶中，可以采用纯电动模式，当动力蓄电池荷电状态（SOC）下降到一定程度，动力蓄电池的能量不能满足需求时，必需像普通油电混合动力汽车一样工作。

增程式电动汽车（EREV）的工作原理与串联式PHEV非常类似，但两者是有本质区别的。串联式PHEV是由普通油电混合动力汽车派生出来的，具有普通油电混合动力汽车的大部分特点，只是将功率型蓄电池更换为比容量更大的能量型蓄电池，使动力蓄电池有足够的能量，保证汽车在纯电动模式下的行驶里程更长。增程式电动汽车是由纯电动汽车派生出来的，由于汽车增加了增程器，所以称为增程式电动汽车。所谓的增程器，就是一台小型发动机，用于发电，以提高纯电动汽车的续驶里程，避免频繁地停车充电。当动力蓄电池的能量充足时，汽车进入纯电动模式，由电机驱动汽车行驶；当动力蓄电池所储存电量无法满足纯电动工况时，增程器（发动机）起动，通过发电机对动力蓄电池充电，在汽车依然由电机驱动的前提下增加续驶里程。

3. 燃料电池电动汽车

燃料电池电动汽车是使用燃料电池作为动力源的汽车。它也是一种电动汽车，是将燃料电池产生的电能持续提供给驱动电机，从而驱动车辆行驶的电动汽车。

燃料电池是一种化学电池，能直接把活性物质发生化学反应时释出的能量变换为电能，工作时需要连续地向其供给燃料和氧化剂等活性物质，以保持电池持续进行氧化还原反应，不断地获取电能。燃料电池直接将燃料的化学能转化为电能，中间不经过燃烧过程，因而不受卡诺循环的限制。燃料电池需持续对其提供燃料和氧化剂等活性物质，与动力蓄电池不同，它更像一个发电机。燃料电池电能转换效率高达45% ~60%，反应生成物主要是水，无污染，是比较理想的动力电池，燃料电池被誉为电池发展的终极目标。

4. 其他新能源汽车

其他新能源汽车包括空气动力汽车、飞轮储能汽车以及超级电容器汽车等。空气动力汽车通过压缩机将空气的气压压缩到 30MPa 以上，并且储存在气罐中，在需要车辆行驶时，将空气释放出来，作为电机驱动的动力。空气动力汽车具有维修少、无排放的优点，但需要消耗较大的电能，并且有高气压的安全性不强，噪声较大的缺陷。飞轮储能汽车能及时利用飞轮的惯性，将发动机的负载余能反馈到发电机上，具有使用寿命长、维修少、能量反应快、储能高、重量轻、使用效率高的优点，但其造价较高，飞轮陀螺会受到机动车转向的影响。超级电容器汽车其具有经济环保、免维修、使用寿命长、容量大、功率密度大、充电时间短的优点，但其能量密度较低，难以满足整车的需求。

1.4 新能源汽车的技术发展趋势

任何新技术的发展和应用都不是一帆风顺的，无论是纯电动汽车、混合动力（插电式、增程式）电动汽车，还是燃料电池电动汽车，在关键技术和降低成本上都有很大的提升空间。中国地域广阔，车辆应用场景多元，在新能源汽车技术路线的选择上应该因地制宜，宜“氢”则“氢”，宜“电”则“电”，宜“混”则“混”，“氢”“电”“混”协同，才能获得全面发展，新能源汽车三大技术路线不应被割裂。

1.4.1 动力深度电气化

从内部因素看，我国新能源汽车产业在政策推动下获得了一定的发展，但技术还不成熟，产品还不完善，真正的市场化还未形成。从外部因素看，国际竞争转入国内，欧美日韩都从中国的成功受到启发，制订了雄心勃勃的电动汽车计划，把中国设定为主战场、试验场。在此严峻的形势下，我们丝毫不能放松发展电动汽车的脚步。

三大技术作为新能源汽车的核心技术路线，各有优缺点，唯有互相补充才能圆满发展。混合动力（插电式、增程式）电动汽车能够大幅降低油耗，不需要大规模的充电基础设施；纯电动汽车做到了不烧油、零污染，但缺点是续驶里程短，充电时间长，适用于市区短途轻载运输。氢燃料电池电动汽车正相反，其续驶里程长、载重能力强、加注时间短，更适用于长途中重载运输。三者最好的关系是互补。

1. 比亚迪插电式混合动力电动汽车

PHEV 是一种最有发展前景的混合动力电动汽车模式，也是向最终的清洁能源汽车（BEV 和 FCEV）过渡的最佳方案之一，其在汽车工业的发展中起着承上启下的作用。随着高密度蓄电池技术、高效能量管理技术、电机控制技术及其他零部件技术的突破，混合动力电动汽车必将取得长足发展。插电式混合动力电动汽车能量传输简图如图 1-2 所示。

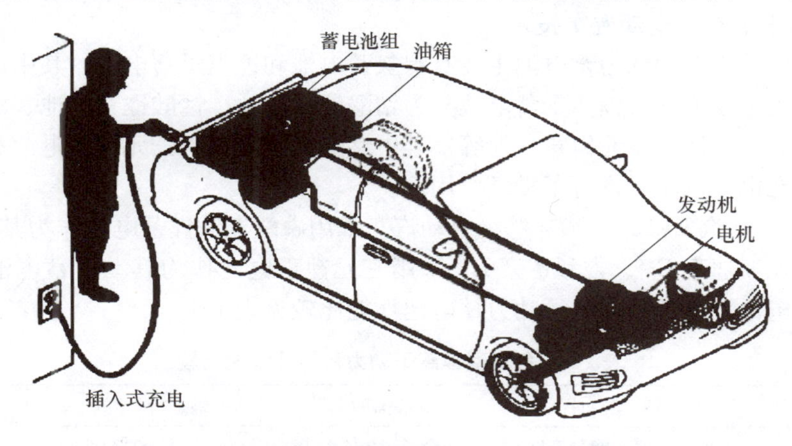

图 1-2　插电式混合动力电动汽车能量传输简图

（1）比亚迪插电式混合动力系统　对于混合动力电动汽车，目前世界上主流动力系统的代表车型有丰田 Prius，通用 VOLT 以及比亚迪 3FDM 和比亚迪“秦”。其中，比亚迪“秦”搭载的最新 DMN 系统除了可实现纯电动模式行驶和混合动力模式行驶外，当电量不足或高压系统故障时还可单独用发动机驱动行驶，实现了高压系统的独立性。该系统选择涡轮增压发动机、6 档双离合变速器、110kW 永磁同步电机以及 10kWh 容量的蓄电池组合在一起，整体采用集成式一体化设计，从而使结构紧凑便于布置且提高了结构强度。电机经减速器与变速器连接，通过齿轮及花键完成转矩传递，传动效率高且传矩可靠。通过电机与发动机的配合可以轻易地实现大转矩输出，提升车辆的动力性和通过性，又可用电机对发动机进行功率调节，实现在全天候工况下的完美运行。同时高压系统选用 500V 电压，减少了电能传输过程中的发热损耗。比亚迪 DM 二代动力系统示意图如图 1-3 所示。

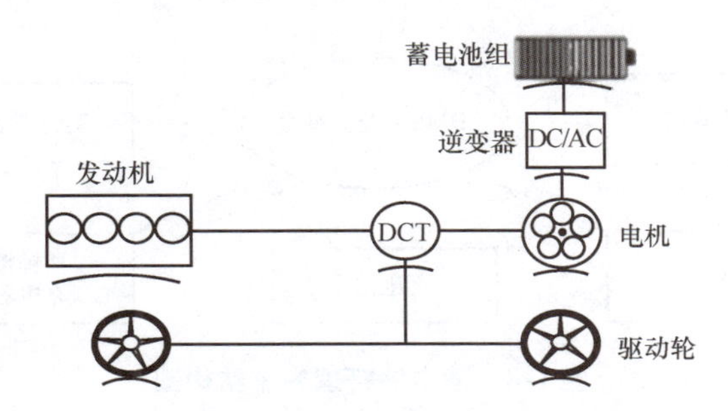

图 1-3　比亚迪 DM 二代动力系统示意图

（2）比亚迪插电式混合动力蓄电池　动力蓄电池是电动汽车的核心部件，其性能直接影响车辆的纯电动模式续驶里程以及高压安全。目前混合动力电动汽车采用的蓄电池类型主要有铅酸蓄电池，镍氢蓄电池，锂离子蓄电池。为了满足人们对 PHEV 汽车续驶里程、加速性能以及能量回馈的需求，提供这些能量的蓄电池必须具有高能量密度、高功率输出、循环寿命长以及充放电效率高等特性。锂离子蓄电池与铅酸蓄电池、镍氢蓄电池相比较，在能量密度、功率密度等性能方面均占优，被普遍认为是最适合 PHEV 用的蓄电池。美国、日本等发达国家对锂离子蓄电池的研究工作均给予很高重视和投入。

2. 动力蓄电池与纯电动汽车技术

目前用于电动汽车的动力蓄电池主要有镍氢蓄电池和锂离子蓄电池，其中镍氢蓄电池主要用于混合动力电动汽车。锂离子蓄电池分为钴酸锂蓄电池、锰酸锂蓄电池、磷酸亚铁锂蓄电池、锂聚合物蓄电池、三元锂蓄电池等，其中锰酸锂蓄电池、三元锂蓄电池和磷酸亚铁锂蓄电池目前已在电动汽车上进行了批量应用。

比亚迪 E6、北汽 EV160、腾势等纯电动汽车采用磷酸亚铁锂蓄电池作为其动力蓄电池，北汽 EV200、比亚迪秦 EV、吉利帝豪 EV 采用三元锂蓄电池作为其动力蓄电池，启辰晨风采用锰酸锂蓄电池。各类型锂离子动力蓄电池性能比较见表 1-1。

表 1-1　各类型锂离子动力蓄电池性能比较

蓄电池类型	钴　酸　锂	磷酸亚铁锂	锰　酸　锂	三　元　锂
优点	可逆性好，能量密度高	寿命长，安全性高	成本低，安全性好	热稳定性好
缺点	钴资源缺乏，抗滥用能力差	能量密度低，内阻大	耐高温能力差	成本较高，工艺复杂

电动汽车分为纯电动汽车、增程式电动汽车和插电式混合动力电动汽车。

纯电动汽车具有结构简单，所用能源来源形式多样，节能环保、低噪声等优点，但也有蓄电池较贵、寿命短、续驶里程不足等缺点。

蓄电池作为电动汽车主要的动力来源，其各项数据指标的高低直接决定了电动汽车的运行稳定性。蓄电池管理系统（Battery Management System，BMS）是连接车载动力蓄电池和电动汽车的重要纽带，蓄电池管理系统结构图如图 1-4 所示。

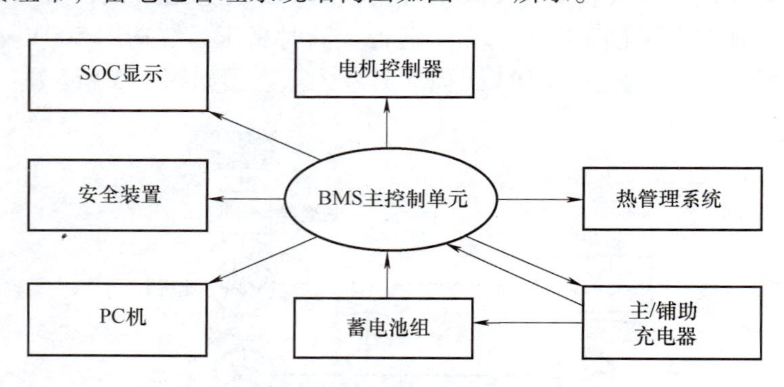

图 1-4　蓄电池管理系统结构图

电机驱动及控制技术可将能量存储系统输出的能量（化学能、电能）转换为机械能，推动车辆克服各种阻力行驶；制动时能将动能转换为电能回馈给能量储存系统；能提供满足车辆行驶速度范围和负载变化的转矩转速特性。

3. 燃料电池电动汽车

我国具有发展燃料电池电动汽车的独到优势。我国风电、光伏发展迅速，有大量的碎片化能源需要消纳，可以用于制氢。我国还有全世界规模最大的化学工业体系，每年产生大量的工业副产氢。同时，我国还是全世界最大的商用汽车生产国和最大的市场，无论是市场规模还是企业实力，都足以支撑发展燃料电池电动汽车。

此外，关于燃料电池电动汽车发展的重点车型，可同时考虑长途客车。与重型载货汽车相同，长途客车也是不适合使用动力蓄电池动力的车型，而且长途客车线路相对稳定，管理相对集中，适合发展燃料电池车型。

目前矿产资源紧缺和环境污染等问题日益突出，新能源领域的发展也遭遇瓶颈，并且，随着燃料发动机水平的不断提升，全球汽车大国、研究所和企业对燃料电池技术发展进入更深的研究阶段。丰田、宝马两大公司即通过共享燃料电池技术专利，对燃料电池电动汽车开展了相关研究工作。国内外燃料电池电动汽车比较见表 1-2；国内外燃料电池动力系统比较见表 1-3。

表 1-2　国内外燃料电池电动汽车比较

参　　数	上汽集团荣威	上汽集团 Plugin	本田 Clarity	丰田 Mirai	通用 Provoq
整车装配质量/kg	–	1890	1800	1850	1978
0～100km/h 加速时间/s	12	15	9	9.6	8.5
最大车速/(km/h)	160	150	165	175	160
一次加氢续驶里程/km	400	300	589	502	483
燃料电池功率/kW	70	30	100	114	88
储氢压力/MPa	30	35	70	70	70
冷起动/℃	-20	-10	-30	-30	-25
电动机功率/kW	100	88	130	114	150
电动机转矩/N·m	–	210	300	335	–

表 1-3　国内外燃料电池动力系统比较

项　　目	国　　外	国　　内
动力性能	已超过 2000W/kg，3100W/L	2210W/kg，2736W/L 左右
低温起动	国外汽车厂商如丰田等，已经实现 -30℃ 的低温起动，并在加拿大北部严寒地区进行了实车试验	上汽燃料电池系统实现 -20℃ 低温起动
耐久性	燃料电池质子交换膜寿命 >2 万 h，电动汽车用电堆实验室寿命 >5000h，公交车用燃料电池寿命 >1.8 万 h	台架稳态测试，寿命约 3000h，车用环境下寿命 1000h 左右，公交车用燃料电池系统 3000h
成本	①Pt 的用量从上一代的 80g 降低到 30g，于 2015 年降低到 10g；②2010 年 4 月，美国洛斯阿拉莫斯国家实验室，开发出由碳、铁、钴组成的催化剂，其成本非常低，而其性能可以和铂基燃料电池电堆最高水平相比；③据美国 DOE 数据，燃料电池系统成本已由 2006 年的 124 美元/kW 降低至 2015 年的 53 美元/kW（按 50 万套产量测算）	十一五末期已经开始开展的燃料电池电动汽车成本控制研究，受限于燃料电池和氢气存储系统成本，燃料电池电动汽车成本仍然很高

1.4.2 车身底盘轻量化

轻量化是一个完整的概念，是指汽车在保持原有的行驶安全性、抗振性、耐撞性和舒适性等性能不降低，并且在汽车整车的造价不被提高的前提下，合理有效地减小汽车自身的质量。

新能源汽车由于设计的原因，往往自身质量较大，在加速和续驶里程方面都较传统汽车弱一些，因此降低整车的质量依旧是新能源汽车研发工作的一个重要部分。

1. 新能源汽车车身轻量化

（1）国外轻量化研究现状　欧美、日韩等发达国家或地区的汽车生产企业对汽车轻量化研究的热情一直是只增不减，从1953年制造了第一台纤维增强复合材料汽车通用Corvette后，轻量化材料的选择成为了研究的首选。

在轻量化研究领域，德国的宝马公司称得上是首屈一指的，在2008年他们宣布把碳纤维复合材料带入汽车主流材料，并在2011年的法兰克福车展首次发布i3电动概念车和i8混合动力概念跑车；随后在2014年，宝马公司在全球正式上市了批量化生产的i3和i8系列纯电动汽车，成为碳纤维产品在乘用汽车领域的领头羊。

德国大众的奥迪A8L Hybird采用的混合动力系统的蓄电池组、电机等组件增大了额外的130kg的质量，不过因其使用了全铝车身框架结构车身，使得整车的质量只有2035kg；还有美国的特斯拉电动汽车系列，因其搭载了较沉的蓄电池组，所以必须通过减小车身质量来控制整车质量，特斯拉的车身95%以上采用铝材，大大提高了整车的续驶里程。

（2）国内轻量化研究现状　国外的轻量化汽车研究进行得如火如荼的时候，国内的车厂也在努力将轻量化车型推入市场。东风E30的车身采用铝合金骨架结构，工程塑料和复合材料作为车身的覆盖件，整备质量仅有995kg。还有上汽荣威E50纯电动汽车将高强度钢应用到车身上，用片状模塑料轻量化复合材料做尾门，用铝合金做前缓冲梁和一体式座椅骨架，使整车的性能和舒适性大大提升。除了乘用车，国内的客车也在朝着轻量化方向发展。比如东风全铝车身混合动力公交车，铝合金车身占总比的40%，与国内同类钢制车身相比，其整车的质量较同类客车减小了15.2%。汽车轻量化的趋势已经势不可挡，无论是纤维复合材料，铝合金材料还是高强度钢材料，都在汽车轻量化领域有着举足轻重的作用。

2. 新能源汽车底盘轻量化

通过对新能源汽车专用底盘与改装底盘相比较可知，同样的整车质量和同样电机的汽车在相同环境下行驶，蓄电池容量较大一些的汽车的续驶里程反而减少，其主要原因是汽车制造厂对新能源汽车沿用传统的底盘改装，虽然可以有效减少底盘改装的时间，却导致汽车的总成能力变差。因此，新能源汽车轻量化底盘技术要科学使用轻量化材料和工艺，选用强度较高的镁铝合金作为底盘材料，这样可以大幅度提高经济性。

从环境保护和化石燃料有限的角度出发，新能源汽车在汽车领域地位逐年攀升。为了提高新能源汽车的使用效率，减小车身质量是一个关键的因素。新能源汽车的整车轻量化，应从使用高强度且轻质的材质和对整车不同部件进行轻量化工艺设计两个方面着手。2015年5月，国务院发布了《中国制造2025》行动纲领，现在是新一轮的科技革命和产业变革与我国加快经济发展方式的历史性交汇时期，我国汽车工业必须紧紧抓住这一重大历史机遇，大力推广和使用新型环保材料和轻量化绿色制造工艺，重视汽车轻量化结构优化设计，着力研究和开发汽车材料回收利用技术。

创新是新时代的关键词，无论是汽车厂商还是政府机构，都要为我国的汽车轻量化发展提供保障，研发出更适合我国消费者性价比高的轻量化新能源汽车，在世界的舞台上站稳脚跟，稳步向前。

1.4.3　整车智能网络化

整车智能网络化技术变革包含了三个方面。目前是以驾驶人为中心的主动安全辅助阶段，接着会有以网络为中心的网联汽车阶段，再到以车辆为中心的自动驾驶阶段，整车智能网联化技术发展过程如图 1-5 所示。

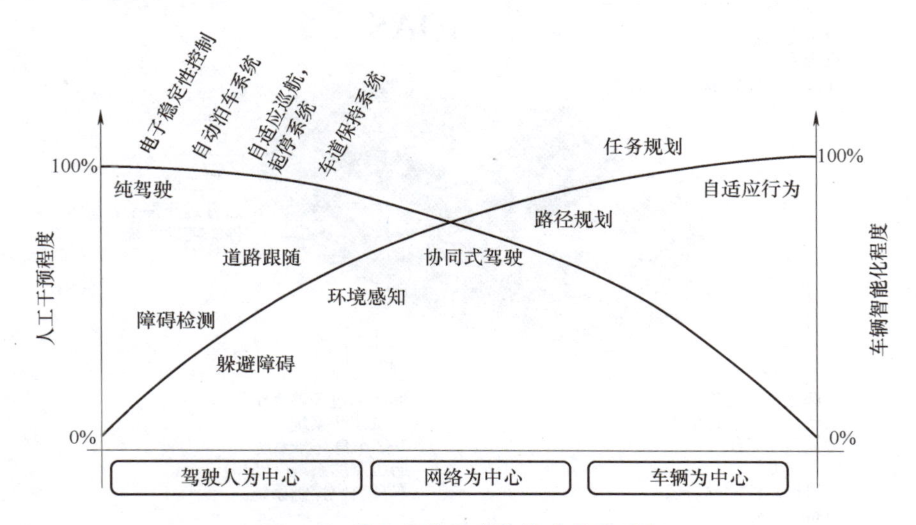

图 1-5　整车智能网联化技术发展过程

美国汽车工程师学会制订的智能化水平：一级是辅助驾驶，二级是集成式巡航辅助，三级则是高速公路的自动驾驶，整车智能网联化程度分级如图 1-6 所示。

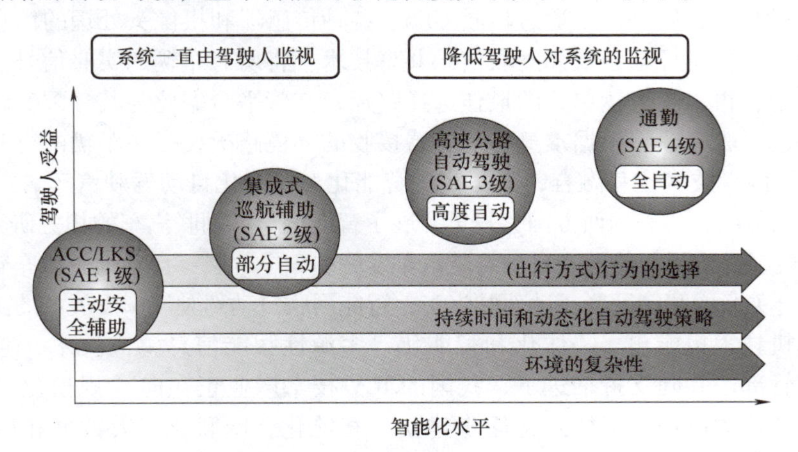

图 1-6　整车智能网联化程度分级

1. 先进驾驶辅助系统

先进驾驶辅助系统（ADAS）主要是用安装在车中的各类传感器及时收集车内外的数据信息，并实施静动态结合的物体辨识和处理工作，以此让驾驶人可以在短时间内了解可能存在的风险，进而提升注意力和安全性，属于当前应用发展极具前景的主动安全技术。通过了解实践案例可知，ADAS 引用的传感器类型有超声波雷达、摄像头等，它主要是通过检测压力、光等内容明确汽车在运行过程中的变量。一般来讲，各类传感器主要安装在车辆的风窗玻璃、前后保险杠等区域。初期研制出的 ADAS 技术属于被动提供警告，在汽车检测到潜在的问题后，会向驾驶人提供出现异常的车辆、道路信息；但对新时代背景下的 ADAS 而言，其展现出的特点使其成了主动式技术。ADAS 先进驾驶辅助系统如图 1-7 所示。

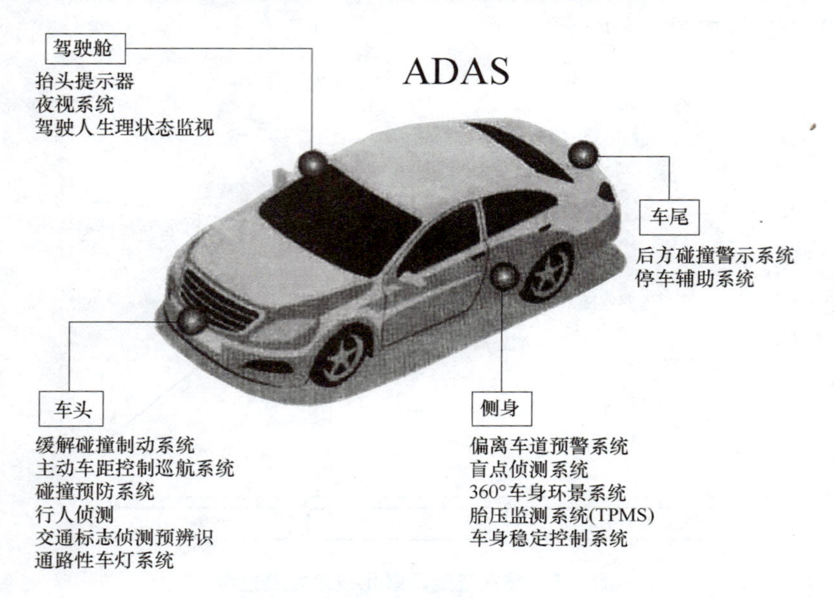

图 1-7　ADAS 先进驾驶辅助系统

2. 智能网联汽车（ICV）

车辆运行过程中，网联汽车通过接收 GPS、各种传感器和摄像头处理的信息，完成车辆自身与环境的状态信息评估，依靠互联信息共享技术，将所有车辆的实时信号汇集到后台中央分析处理平台，得出各车辆单元的最佳选择路径，交管平台据此为其分配实时路况和交通信号通行。自动驾驶车辆将根据本身的传感器接收的环境路况，指导车辆的行驶。智能网联汽车（ICV）将两者技术优势融合，真正实现智能化、网联化自动驾驶汽车。

国际上，以美国为代表的西方国家较早开展了智能汽车、网联汽车的相关研究。其中美国从技术分析角度，提出了智能网联自动驾驶汽车发展的 3 个阶层：自动驾驶汽车辆、网联汽车以及将二者融合关联的智能网联自动驾驶汽车，智能网联自动驾驶汽车发展如图 1-8 所示。

随着计算机技术集成化、一体化和智能化等多源性智能信息感应技术、通信技术的发展，在政府交管部门共同支持推进下，我国的 ICV 技术产业正在向“规模化、定制化”方向转进，汽车产业的市场经济模式正逐步建立“智能化、网联化、大数据和后台监管”构架。我国研究机构、政府和企业部门已在密切注视该领域的进展。ICV 规模化、定制化技术架构如图 1-9 所示。

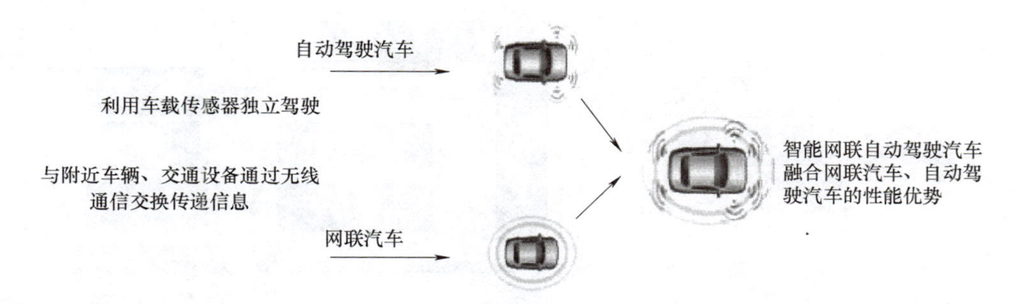

图 1-8　智能网联自动驾驶汽车发展

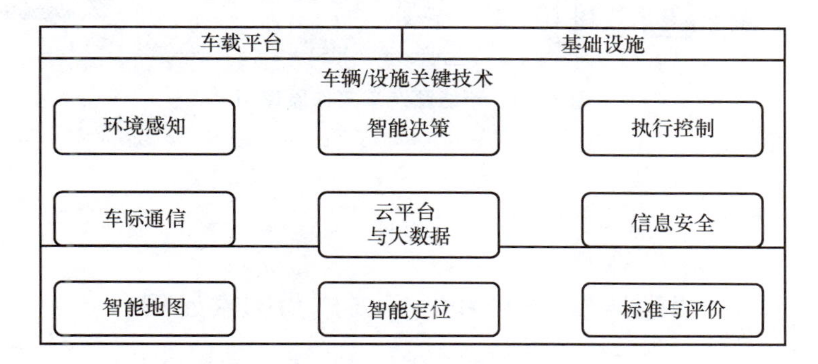

图 1-9　ICV 规模化、定制化技术架构

智能网联汽车战略融合的技术优势包括实时换接、均布负载、抗感染与信息安全。智能网联汽车（ICV）保障车辆实现节能、环保及安全的运行，将是未来城市智慧交通管理、运营、出行、远程救援等社会问题的有效解决方案，将成为建设绿色社会、智慧城市的基础。

新能源汽车的认识

【实施条件】

实施要求：新能源汽车技术性能良好，工作正常。

实施时间：按照教学计划的安排，了解新能源汽车的结构和特点。

教学要求：根据新能源汽车专业的学生数量将学生分成若干小组，每小组 10 人使用一辆新能源汽车，指导教师先讲解并现场演示，学生再动手操作。

【实施步骤】

电动汽车传统“三大件”：动力蓄电池、驱动电机、电机控制器。随着新能源电动汽车的发展，整车的功能系统逐渐向着集成化、模块化发展，逐渐衍生出新的电动汽车“三大件”：蓄电池系统、动力总成、高压电控。新能源汽车工作原理图如图 1-10 所示。

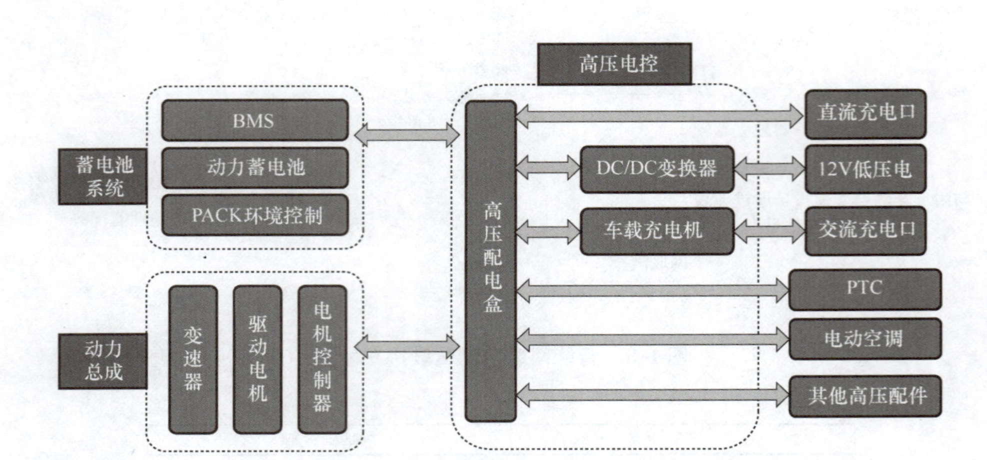

图1-10　新能源汽车工作原理图

“碳达峰 碳中和”正式成为国家战略

21世纪以来，随着社会的发展，二氧化碳的排放量也在持续增加。二氧化碳有不错的保温能力，这层“毯子”越厚，就越容易导致全球气温上升，进而引发冰川融化、海平面上升，进而导致多种生物因为栖息地环境的骤然变化，而走向灭绝。减少二氧化碳的排放，实现碳中和是全球都要解决的事情。在第75届联合国大会上，我国提出“二氧化碳排放力争于2030年前达到峰值，2060年前实现碳中和”。而且，在联合国气候雄心峰会和中央经济工作会议上，“30-60”的目标被反复提及，标志着“碳达峰-碳中和”已成为国家战略。

“碳达峰-碳中和”就是从能源结构进行转型，用可再生能源、核能等清洁能源替代煤炭、石油、天然气等化石能源，包括使用风能、光伏太阳能、氢能及燃料电池以及新能源汽车。

汽车产业要承担碳减排、碳达峰的重任

为实现碳减排的两大先决条件已被创造：上游有了以光电、风电为主的充足的可再生能源，下游有了可以大幅度消纳可再生能源的新能源汽车。

我国幅员辽阔，经济发展极不平衡，可再生能源发电多集中在西北边远地区，用电中心位于中东部地区，能源供应者和使用者相距遥远。特别是风、光电具有波动性大、间歇性强的先天缺陷，这给电网稳定运行带来极大风险，导致风电、光电上网难、输送难。因此，汽车产业要承担碳减排、碳达峰的重任。

可再生能源、新能源汽车已成为支撑我国国民经济发展的两大新兴产业

《节能与新能源汽车技术路线图2.0》进一步确认了汽车技术“低碳化、信息化、智能化”的发展方向，提出了我国汽车产业面向2035年发展的六大目标，第一条就是：汽车产业碳排放于2028年先于国家碳减排承诺提前达峰，2035年碳排放总量较峰值下降20%以上。预计截至2035年，新能源汽车市场占比超过50%，燃料电池电动汽车保有量达到100

万辆，节能汽车全面实现混合动力化，汽车产业实现电动化转型的明确目标。这与国务院办公厅印发的《新能源汽车产业发展规划（2021—2035年）》的目标是一致的。

中国电动汽车百人会理事长陈清泰说：未来的汽车是存贮和消纳间歇性可再生能源的强大载体；是把绿色能源、智能电网、未来出行、新一代移动通信连接在一起的纽带，是智能交通、智慧城市的基本单元。

小结

本模块通过介绍新能源汽车的发展现状及趋势、新能源汽车的发展背景、新能源汽车的概念和分类，提高读者对新能源汽车的学习兴趣。

习题及思考题

【填空题】

1. 增程式电动汽车（EREV）的工作原理与串联式________非常类似，但两者是有本质区别的。串联式PHEV是由普通油电混合________派生出来的，具有普通油电混合动力汽车的大部分特点，只是将________蓄电池更换为比容量更大的能量型蓄电池，使________有足够的能量，保证汽车在纯电动模式下的行驶里程更长。

2. 新能源并不只是电能，环保无污染的非传统________都可以称为新能源，所以氢能成为人们优先考虑的能源，我国的________储备量比较充足，若是将这种能源应用到汽车技术上，汽车的________效能将会被提高到一个新的层次。但我国对于氢气的________还不够完善，所以________汽车技术目前只能作为一个发展方向。

【问答题】

1. 简述新能源汽车的发展现状。
2. 什么是纯电动汽车技术？
3. 什么是燃料电池电动汽车技术？
4. 什么是氢燃料汽车技术？
5. 论述电动汽车车身轻量化的意义。
6. 简述电动汽车整车智能网络化的作用。

模块二

电动汽车核心技术

【教学目标】

通过对本模块的学习，读者将熟悉电动汽车动力蓄电池、电动汽车驱动电机、电动汽车整车控制系统和整车辅助系统技术，了解动力蓄电池、超级电容器及其管理技术，掌握动力蓄电池、驱动电机和整车控制系统的结构和工作原理，掌握整车辅助系统技术。

【教学要求】

知识目标：

1. 了解动力蓄电池、超级电容器及其管理技术。
2. 熟悉驱动电机及其控制技术。
3. 掌握电动汽车整车控制系统技术。
4. 掌握整车辅助系统技术。

技能目标：

锂离子蓄电池负极材料的认知。

【引言】

熟悉和掌握电动汽车常用的动力电池、超级电容及其管理技术，了解衡量储能器特性常用的性能指标，了解开发出比能量高、比功率大、使用寿命、成本低的动力电池；熟悉驱动电机的结构和工作原理，掌握电动汽车整车控制系统及其控制技术特点，了解电动汽车整车辅助系统技术。

针对动力蓄电池、电机、电控等核心关键技术，中国从基础科学、系统集成技术、共性核心技术、集成开发与示范等方面建设基础设施平台、集成示范平台及国际合作平台，通过平台建设逐步突破燃料电池动力系统、混合动力系统、纯电动力系统等核心关键技术，全面提升中国新能源汽车的研发能力和产业化水平。

2.1　动力蓄电池

2.1.1　动力蓄电池及其管理技术

随着蓄电池管理技术的深入研究，适用于不同动力蓄电池、不同车型的蓄电池管理系统已逐步发展成熟，并应用到了电动汽车的开发上，但是在有些方面仍需深入研究，比如降低蓄电池荷电状态（SOC）估算误差的研究仍然还有很大的进步空间。电动汽车蓄电池管理技术的发展趋势有以下几方面：

1）深入研究电动汽车工况，建立一个能够尽量准确反映电动汽车在所有工况下系统参数变化的精确蓄电池模型，作为蓄电池管理系统研究的基础。

2）实现蓄电池管理系统的通用性、集成化，不断减小硬件的占地空间和质量，并能应用到各种型号动力蓄电池组中，实现理想的管理效果。

3）提高蓄电池管理系统的抗干扰技术和蓄电池组的热管理技术，确保蓄电池管理过程的可靠性和安全性。

4）蓄电池的充放电控制更加完善，能够更加有效地避免蓄电池的过充电和过放电。

5）优化充电控制，提高充电的速度，保障充电过程的安全性。

6）蓄电池组的均衡管理效率更高，均衡过程中的消耗减少，控制过程更加精细，蓄电池的一致性更高。

7）蓄电池管理系统具有精确估算动力蓄电池荷电状态（SOC）的功能，同时具有显示蓄电池组单体蓄电池健康状态（SOH）的功能。深入研究蓄电池在工作过程中的外特性和内部状态的变化规律，制订更加科学有效的方案和算法来精确评估蓄电池的状态，从而合理使用蓄电池，提高蓄电池的使用寿命。

1. 动力蓄电池的分类

（1）动力铅酸蓄电池　动力铅酸蓄电池正极的活性物质是二氧化铅，负极的活性物质是铅，电解质是浓度为27% ~37%的硫酸水溶液。动力铅酸蓄电池是1859年发明的，是商业化应用的第一种可充电电池。动力铅酸蓄电池具有能量转化效率高、端电压高、容量大、循环使用次数多等特点，同时还具有耐腐蚀、防酸、消氢、防爆等性能。

（2）动力碱性蓄电池　动力碱性蓄电池是电解质为碱性水溶液的蓄电池。通常把NaOH和KOH的水溶液作为动力碱性蓄电池的电解质。按照正、负极活性物质的种类来分，动力碱性蓄电池主要有Cd-Ni碱性蓄电池、Zn-Ag_2O碱性蓄电池、Zn-Ni碱性蓄电池和MH-Ni碱性蓄电池等。从20世纪90年代到现在，蓄电池市场的主流产品一直是MH-Ni碱性蓄电池，它具有充放电性能好、能量密度高、容量大和无污染等特点。

下面以MH-Ni碱性蓄电池为例，简述动力碱性蓄电池的工作原理。MH-Ni碱性蓄电池的正极活性物质为氢氧化镍，负极活性物质为金属氢化物（MH），电解质为氢氧化钾。MH-Ni碱性蓄电池的充放电反应如下：

正极反应：

$$Ni(OH)_2 + OH^- \underset{放}{\overset{充}{\rightleftharpoons}} NiOOH + H_2O + e \tag{2-1}$$

负极反应：

$$M + H_2O + e \underset{放}{\overset{充}{\rightleftharpoons}} MH + OH^- \tag{2-2}$$

总反应：

$$Ni(OH)_2 + M \underset{放}{\overset{充}{\rightleftharpoons}} NiOOH + MH \tag{2-3}$$

与动力铅酸蓄电池相比，动力碱性蓄电池具有密封性好、耐过充电性强、体积小、比能量高、能进行大电流放电等优点，但有价格高的缺点。

（3）超级电容器　超级电容器是一种介于传统电容器和蓄电池之间的新型储能装置，它是通过在电解质和电极材料表面之间形成双电层来存储电荷的。超级电容器不仅有蓄电池的特性，也有电容器的特性。超级电容器的电容量能够达到几百或上千法拉，反复充放电次数可以达到数十万次。目前作为电极活性物质的材料主要有碳材料、过渡金属化合物和掺杂导电聚合物等。

超级电容器的充放电反应如下：

正极反应：

$$Es + A^- \underset{放}{\overset{充}{\rightleftharpoons}} Es^+//A^- + e \tag{2-4}$$

负极反应：

$$Es + C^+ + e \underset{放}{\overset{充}{\rightleftharpoons}} Es^-//C^+ \tag{2-5}$$

总反应：

$$Es + Es + A^- + C^+ \underset{放}{\overset{充}{\rightleftharpoons}} Es^+//A^- + Es^-//C^+ \tag{2-6}$$

其中，Es 表示电极材料表面，//表示积累电荷的双电层，C^+ 表示电解质溶液的正离子，A^- 表示电解质溶液的负离子。

超级电容器具有容量高、比功率高、无记忆效应、工作温度范围宽、使用寿命长、充放电时间短、无污染、瞬间放电电流大和可靠性高等特点。超级电容器的研究主要集中在电极的活性物质上，具有很大的潜质，随着研究的深入，其应用也会更加广泛。

（4）动力锌-空气电池　动力锌-空气电池，其正极活性材料为空气中的氧（通过活性炭来吸附），负极活性材料为锌，电解质为苛性碱溶液或氯化铵溶液。动力锌-空气电池的电压一般为 1.4V ~ 1.5V，可以做成圆柱形、方形和扣式等多种形状。

动力锌-空气电池放电时的反应如下：

正极反应：

$$0.5O_2 + H_2O + 2e = 2OH^- \tag{2-7}$$

负极反应：

$$Zn + 2OH^- = ZnO + H_2O + 2e \tag{2-8}$$

总反应：

$$Zn + 0.5O_2 = ZnO \tag{2-9}$$

动力锌-空气电池具有比能量大（180 ~ 230Wh/kg）、能量密度高（230Wh/L）、性能稳定、安全性好、放电电压平稳、可回收利用和成本低等优点；但也有单体电压小，只能采用更换锌板、锌粒和电解质的方法进行机械式充电，不能在环境密闭或者缺氧的条件下工作等缺点。

（5）燃料电池　燃料电池实质上是一种发电装置，它不能储存电量，而是在工作中直接生产电能。它的正极为氧化剂电极，负极为燃料电极。燃料电池的种类主要有碱性燃料电池、质子交换膜燃料电池、磷酸型燃料电池、熔融碳酸盐型燃料电池和固体氧化型燃料电池等。通常电池的容量是固定的、有限制的，但理论上燃料电池的容量是无穷大的，只要不断供应反应物、排出反应产物即可供电。

下面以质子交换膜燃料电池为例，简述燃料电池的工作原理，其放电时的反应如下：

燃料极反应：

$$H_2 \rightarrow 2H^+ + 2e \tag{2-10}$$

空气极反应：

$$2H^+ + 0.5O_2 + 2e \rightarrow H_2O \tag{2-11}$$

总反应：

$$H_2 + 0.5O_2 \rightarrow H_2O \tag{2-12}$$

燃料电池具有能量转化率高、燃料适用范围广、负荷响应快和污染小等特点，但也存在造价偏高、碳氢燃料无法直接利用、氢气储存技术受限、氢燃料基础建设不足等缺点。

（6）锂离子动力蓄电池　锂离子动力蓄电池是一种使用锂合金金属氧化物为正极材料、石墨等为负极材料、使用非水电解质的蓄电池。与其他动力蓄电池相比，锂离子动力蓄电池具有比能量高（达到110Wh/kg）、能量密度高（达到270Wh/L）、自放电率低（月自放电率低至6%）、工作电压高（一般为3.6V）、无记忆效应、污染小等特点。

锂离子动力蓄电池的电解质一般为$LiClO_4$、$LiPF_6$、$LiAsF_6$、$LiBF_4$、$LiCF_3SO_3$及其他新型含氟锂盐的有机溶液；负极材料主要有焦炭、石墨和碳素材层状化合物$LiXC_6$；正极材料主要有$LiCoO_2$、$LiMn_2O_4$、$LiNiO_2$及$LiFePO_4$，其中$LiFePO_4$价格是最便宜的。

磷酸铁锂动力蓄电池的充放电反应如下：

正极反应：

$$LiFePO_4 \underset{放}{\overset{充}{\rightleftharpoons}} Li_{1-x}FePO_4 + xLi^+ + xe \tag{2-13}$$

负极反应：

$$C + xLi^+ + xe \underset{放}{\overset{充}{\rightleftharpoons}} CLi_x \tag{2-14}$$

总反应：

$$LiFePO_4 + C \underset{放}{\overset{充}{\rightleftharpoons}} Li_{1-x}FePO_4 + CLi_x \tag{2-15}$$

磷酸铁锂动力蓄电池其实是一种锂离子浓差蓄电池，正极材料和负极材料分别是两种不同的锂离子嵌入化合物。磷酸铁锂动力蓄电池进行充电时，从正极脱嵌的锂离子经过电解质溶液到达负极，正极进入贫锂状态、负极进入富锂状态，同时外电路对负极进行电子补偿，保证了负极上的电荷平衡。充电时，从负极脱嵌的锂离子经过电解质溶液到达正极，负极进入贫锂状态、正极进入富锂状态，同时外电路对正极进行电子补偿，保证了正极上的电荷平衡。在正常的充放电情况下，锂离子在拥有层状结构的正极材料和负极材料的层间脱出与嵌入，通常只会引起层面间距的变化，而没有破坏晶体结构，正负极材料的化学结构也保持不变，因此磷酸铁锂蓄电池的充放电反应是一种非常理想的可逆反应。

磷酸铁锂动力蓄电池在生产和使用中均不会产生污染，可以在 -20℃ ~75℃的较宽温度范围内工作，且无记忆效应，在任何状态下都能够随充随用。磷酸铁锂动力蓄电池具有比一般蓄电池更大的容量，且同容量条件下质量和体积相对较小。

$LiFePO_4$ 蓄电池的标称电压是3.2V、终止充电电压是3.6V、终止放电压是2.0V。

磷酸铁锂动力蓄电池是一种推广价值很高的新型动力锂蓄电池，是动力蓄电池产业未来发展的主要产品之一。这些优势也使得磷酸铁锂蓄电池成为电动汽车动力蓄电池的主要选择对象之一。

2. 磷酸铁锂电池的外特性

（1）磷酸铁锂蓄电池的电动势特性　蓄电池的平衡电动势 EMF 是蓄电池体系中客观存在的一个物理量，指的是蓄电池体系处于平衡状态时正负极的电势差。对蓄电池进行间歇充电或放电一段时间，然后静置足够长的时间，则此时的开路电压值就可以认为是蓄电池的平衡电动势 EMF 值。磷酸铁锂蓄电池的静置时间大概需要 8h。图 2-1 是通过这种方法获得的磷酸铁锂蓄电池充放电静置平衡电动势曲线。

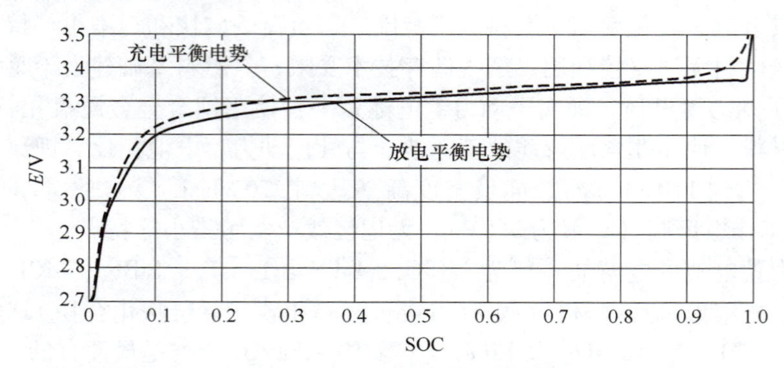

图 2-1　磷酸铁锂蓄电池充放电静置平衡电动势曲线

从图 2-1 中可以看出，磷酸铁锂蓄电池充电时的平衡电动势曲线和放电时的平衡电动势曲线存在差异，蓄电池在具有相同的荷电状态（SOC）的情况下，处于充电时的平衡电动势总是会比处于放电时的平衡电动势要高，且两条曲线的形态类似于磁导体的磁滞回性曲线，这就是磷酸铁锂蓄电池的滞回电压现象。据研究表明，锂离子蓄电池都存在滞回电压现象。

（2）磷酸铁锂蓄电池的回弹电压特性　当磷酸铁锂动力蓄电池停止放电后，每隔一段时间去测量蓄电池的开路电压，就会发现电压的数据会逐渐增大，最后趋于稳定；当磷酸铁锂蓄电池停止充电后，每隔一段时间去测量蓄电池的开路电压，就会发现电压的数据会逐渐减小，最后趋于稳定。蓄电池的这种特性就是回弹电压特性。图 2-2 是相同放电倍率下不同 SOC 值处蓄电池静置后的开路电压变化曲线。

锂电池具有回弹电压特性，是因为电池的电解质电导率低，在以较大电流放电时，来不及从电解质中补充和电流相当的锂离子，从而会产生一个电压降，当电池停止放电时，电解质中的锂离子会经过扩散和相位转变两个阶段，使电池体系恢复至平衡状态，外特性就是电池的开路电压先急剧上升后缓慢上升，最终达到平衡状态。

电动汽车动力蓄电池荷电状态（SOC）是蓄电池管理系统运行过程中的一个重要参数，是实现系统中许多功能的基础。精确的蓄电池荷电状态（SOC）估计，能让蓄电池管理系统

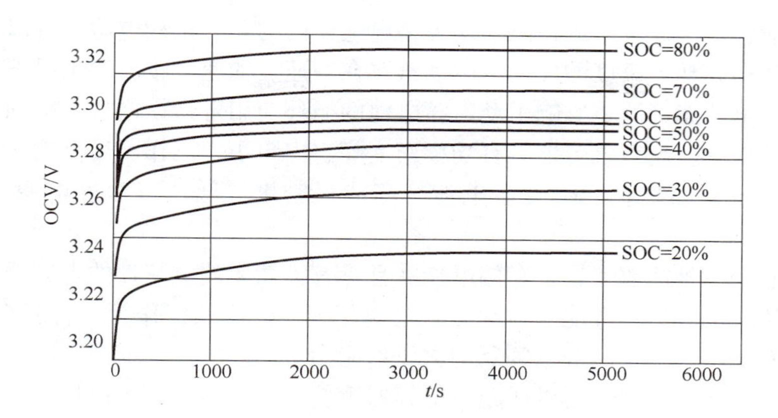

图 2-2　相同放电倍率下不同 SOC 值处蓄电池静置后的开路电压变化曲线

在充放电过程中对蓄电池进行适时保护，合理利用蓄电池提供的能量，保证蓄电池健康运行，从而延长蓄电池的使用寿命。

（3）动力蓄电池组的均衡管理　电动汽车动力蓄电池组在充电的过程中，可能会发生某个单体动力蓄电池已经充满而其他蓄电池还没有充满的情况，而为了防止蓄电池过充，蓄电池管理系统中的过充保护模块会切断充电电源，这样动力蓄电池组中的其他蓄电池就不能把电充满，从而直接会影响电动汽车能够行驶的里程数，此时就需要蓄电池管理系统的蓄电池均衡管理功能发挥作用。电动汽车在行驶过程中，可能发生某个单体动力蓄电池电量已经用完或达到不建议蓄电池继续放电而其他蓄电池仍然有许多电量可以使用的情况，而为了防止蓄电池过放造成不可逆转的损坏，蓄电池组就不能继续放电，导致电动汽车有电却不能够继续行驶，此时需要蓄电池管理系统的电池均衡管理功能发挥作用。

按照均衡管理的作用时机不同，均衡管理可以分为充电均衡管理、放电均衡管理和动态均衡管理。放电均衡管理是在动力蓄电池放电的过程中进行均衡，以保证每个蓄电池的电量都能够放完为止。放电均衡管理只对放电过程进行控制，而对充电过程没有做任何控制，则蓄电池组在充电过程中遵循短板原理，即最大容量最小的蓄电池充满电后蓄电池组的充电就结束。放电均衡虽然使动力蓄电池组的电量都能被有效利用，但在均衡过程中难免会有损耗，因此在设计均衡器时要考虑尽量减少损耗。

充电均衡管理是在动力蓄电池充电的过程中进行均衡，以保证每个蓄电池都能够充满。充电均衡管理只对充电过程进行控制，而对放电过程没有做任何控制，则蓄电池组在放电过程中遵循木桶原理，即蓄电池组的容量由放电过程中最小容量的蓄电池决定。充电过程一般发生在充电站，因而基本上可以不考虑均衡损耗问题。

动态均衡管理是既对充电过程进行均衡，又对放电过程进行均衡，这样就能保证动力蓄电池组的每个蓄电池充电时都能充到 SOC 为 100%，放电时都能放到 SOC 为 0。动态均衡管理包含了放电均衡管理，因而也要考虑均衡损耗问题。

2.1.2　超级电容器及其管理技术

车载电源系统是电动汽车的关键部件之一，直接影响车辆的动力性、等效燃油经济性和制造成本，目前包括广泛应用的锂离子动力蓄电池在内的单一车载电源，难以同时满足电动汽车高能量密度和高功率密度的要求。电动汽车在高速、加速、爬坡等工况下，动力蓄电池处于大功率充放电状态，严重影响了动力蓄电池的循环使用寿命，增加了电动汽车的长寿命使用难度和维护成本。超级电容器具有功率密度高、内阻小、工作温度范围宽以及循环寿命极长等优点，与燃料蓄电池、动力蓄电池等高能量密度、低功率密度电源具有极强的互补性。

超级电容器是一种能够大容量存储电能并且具有大功率放电特性的电容器，它的性能与作用明显优于传统电容器，并能够与动力蓄电池相媲美。当然，作为一种新型的储能器件，超级电容器也有缺点，单个超级电容器的电压不能满足一般的用电需求，因此现有技术是将大量的超级电容器单体串并联后做成超级电容器组使用，这样不仅可以提高电压等级，还能够提升功率水平，极大地扩大了超级电容器组的电压使用范围。

1. 超级电容器结构及工作原理

超级电容器通常由正负电极、电解质和隔膜组成，其结构如图 2-3 所示，电极和隔膜均浸于电解质中。隔膜用于隔离正负电极，但允许电解质中阴、阳离子自由通过；电解质用于传导电流，并分别在正、负电极接触面形成双电层结构。

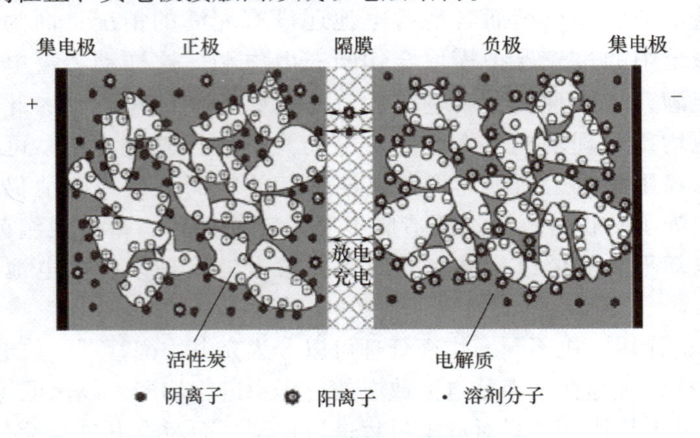

图 2-3　超级电容器结构

当电极两端通过外电路加载电压时，由于静电力作用，在电极与电解质接触面形成双电层结构，实现电荷与能量存储，可利用双层电容器模型描述。

$$C=\frac{\varepsilon_r\varepsilon_0 A}{d} \tag{2-16}$$

式中，ε_r 为电解质相对介电常数，ε_0 为真空介电常数，d 为双电层有效距离，A 为电极表面积。

与普通电容器相比，超级电容器的电极材料具有高比表面积的特点，极大地增强了电荷储存能力。常用的电极材料包括高比表面积的多孔碳材料、导电聚合物材料和金属氧化物材料等，尤其是多孔碳材料，由于具有成本低、比表面积高、易制备、电化学特性稳定、工作温度范围宽等优点，为市场上现有大多数超级电容器采用。此外，在超级电容器电极表面存在可逆的氧化还原反应，进一步增加了超级电容器的电容量。尽管电极表面存在氧化还原反应，超级电容器主要通过双电层结构的静电场实现能量储存与释放，因而，具有极长的循环使用寿命，且适用于大倍率充放电。近年来，纳米材料成为超级电容器电极材料研究的热点，研究表明，具有纳米级孔径的多孔碳电极能够有效促进电解质离子的去溶剂化，显著增加超级电容器的电容量。但纳米级别的电荷存储机制（包括离子去溶剂化与电极材料及电解质组织之间的关系）尚未明确，这成为超级电容器设计与开发的主要研究方向之一。

2. 超级电容器管理技术

由于超级电容器单体电压等级和能量密度均较低，工程应用中为了满足系统电压与能量需求，需将超级电容器单体通过串并联等方式构成超级电容器组。超级电容器管理技术是保证超级电容器组安全、高效和可靠运行的关键。超级电容器管理技术如图 2-4 所示，包括状态估计、均衡管理、热管理、安全保护、功率控制等。状态估计是根据监测的电流、电压和温度，实时估计超级电容 SOC 和 SOH，并将估值信息及时反馈给控制单元；均衡管理是基于监测的电压或者估计的 SOC，运用适当的均衡控制策略，控制功率器件减小组内单体（电压或 SOC）的不一致性，从而提高系统能量利用效率，延长超级电容器的使用寿命；热管理系统实时监测各单体温度，通过合理的软硬件设计，实现有效的热管理，防止出现局部或整体过热现象；安全保护功能是通过监控各单体电压、电流、温度和 SOC 等情况，当出现单体过电压、欠电压、过电流、过温、SOC 异常等现象时触发保护机制，有效避免安全风险和保护超级电容器；功率控制是根据外部功率需求和内部状态参数，实现超级电容器输出功率控制。

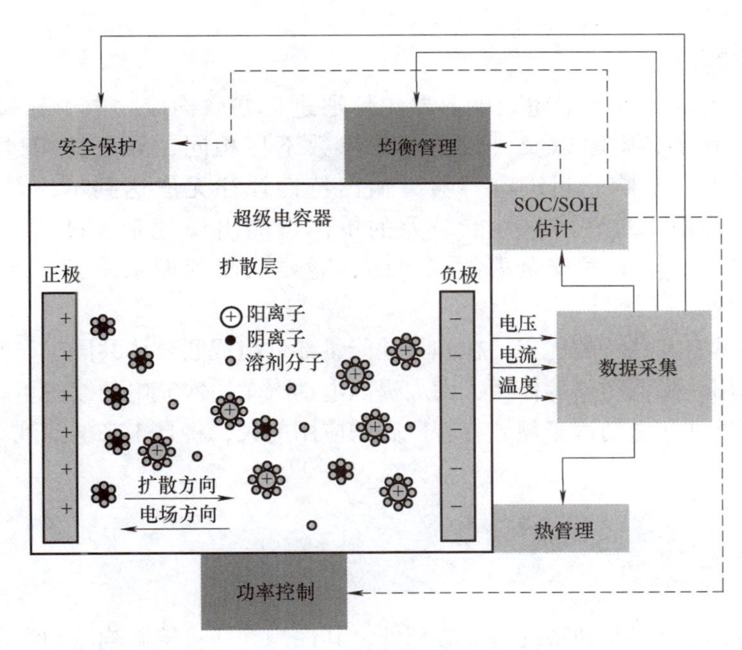

图 2-4　超级电容器管理技术

3. 超级电容器状态估计

（1）超级电容器 SOC 估计　超级电容器荷电状态（SOC）表征超级电容器的剩余可用电量。准确的 SOC 估计是超级电容器管理的基础，与安全保护、均衡管理和功率控制等功能息息相关。SOC 估计偏差可能导致保护电路误触发、均衡管理失效以及过充过放等问题，进而缩短使用寿命，降低能量利用效率，甚至引发热失控、自燃等安全事故。与普通电容器不同，超级电容器充放电过程中，电极表面存在氧化还原反应，瞬时电容量受电压、温度等因素影响，并非一个常数，其端电压无法准确表示剩余可用电量，此外，超级电容器能量密度低，使用过程中荷电状态变化范围宽、速度快，因而，快速、准确地估计超级电容 SOC 是一个棘手的技术问题。

(2) 超级电容 SOH 估计　超级电容器健康状态（State of Health，SOH）估计是超级电容器状态估计的重要内容，常用等效串联电阻（Equivalent Series Resistance，ESR）或容量变化表征。一般认为，ESR 增大 100% 或者容量衰退 20% 即达到寿命终止（End of Life，EOL）。电压和温度是超级电容器老化的主要影响因素，高电压和高温可以加速电解质分解和加剧电极表面的副反应。电解质分解产物滞留在电极孔中，降低了电极有效面积。此外，由于水电解产生的氧气和氢气进一步阻塞电极孔和隔膜，增大了超级电容器内部压力。

(3) 其他关键状态的估计　尽管超级电容器具有高功率密度的特点，然而随着超级电容器老化，内阻逐渐增大，其功率输出能力不断下降，功率状态（State of Power，SOP）估计变得十分必要，但目前相关研究仍然偏少。同时，考虑到超级电容器各个状态（如 SOC/SOH/SOP 等）的高度耦合性，状态估计的理想目标是开发一个集成 SOC/SOH/SOP 的联合估计方案，大幅度提高在复杂车载环境下超级电容器状态估计精度、鲁棒性与容错性。

4. 超级电容器均衡管理

超级电容器组通常由若干超级电容器单体通过串并联构成，由于材料和制造工艺的差异，各个单体容量、内阻以及自放电率等参数不尽相同，导致使用过程中单体电压不一致。受不一致性影响，超级电容器组输出特性往往无法达到单体超级电容器的理想叠加。此外，在使用过程中，性能较差的单体可能出现过充或过放，对超级电容器造成永久性损害，甚至引发安全事故。因此，需要均衡管理系统，以保证使用过程中组内电压的一致性。

超级电容器具有其独特的优点，在和其他能量部件组成联合体共同工作时，其可以辅助实现能量回收利用、降低污染等作用，大大提高电动汽车一次充电的续驶里程。因此，超级电容器作为储能器件在电动汽车领域有着广阔的应用前景，将是未来电动汽车能源供给技术发展的重要方向之一。

2.2 驱动电机

驱动电机是电动汽车驱动系统的核心部件，其性能好坏直接影响电动汽车驱动系统的性能。驱动电机一般有直流电机、交流异步电机、永磁同步电机和开关磁阻电机四种。目前直流电机在电动汽车上的应用较少，在这里主要介绍交流异步电机、永磁同步电机和开关磁阻电机及其控制技术。

电动汽车的电机驱动系统主要由电气系统和机械系统组成，其中，电气系统由驱动电机、功率转换器和电子控制器三个子系统构成，机械系统则由机械传动系统和车轮等构成。

在电气系统和机械系统的连接过程中，机械系统是可选的，有些电动汽车的电机是装在轮毂上直接驱动车轮运动的。

2.2.1　交流异步电机

交流异步电机，也称感应电机，其结构主要包括定子、转子、电机轴、前后轴承、端盖、位置传感器、温度传感器、低压线束和高压动力线束。定子由定子铁心和三相绕组组成；转子常用笼型转子，包括转子铁心和笼型绕组。根据电机的功率不同会选择水冷或者风冷方式。交流异步电机的结构如图 2-5 所示。

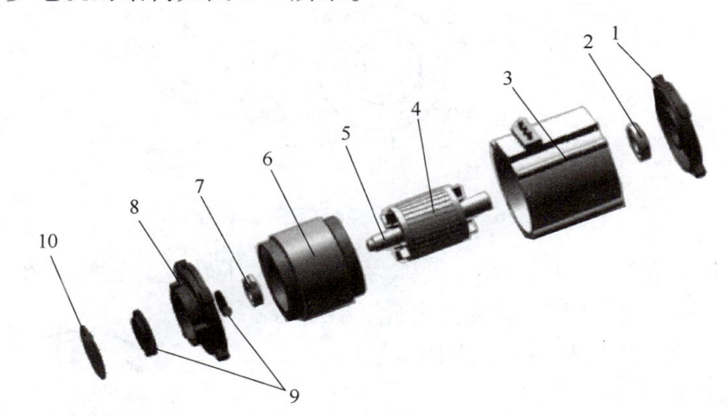

图 2-5　交流异步电机的结构示意图

1—前端盖　2—前端轴承　3—电机壳体　4—笼型转子　5—电机轴　6—定子
7—后端轴承　8—后端盖　9—位置传感器　10—传感器维修盖

1. 交流异步电机驱动工作原理

（1）定子提供旋转磁场　交流异步电机要驱动提供转矩，需要在定子线圈中通入三相交流电，产生不断旋转的磁场（磁场转速为 n_0）。交流异步电机要求定子三相绕组必须对称，并且定子铁心空间上相差 120°；通入三相对称绕组的电流也必须对称，大小、频率相同，相位相差 120°。

旋转磁场的转速

$$n_0 = 60f/p$$

式中，n_0 为旋转磁场的转速（也称同步转速）（r/min）；f 为三相交流电频率（Hz）；p 为磁极对数。

对已经设计定型生产的驱动电机，磁极对数已经确定，因此决定磁场旋转速度的因素为三相交流电频率。由于我国的电网频率 $f = 50\text{Hz}$，因此电机的转速和磁极对数有线性关系。两极定子绕组旋转磁场图如图 2-6 所示。

（2）笼型转子提供感应涡流　由于定子提供旋转的磁场，笼型转子导体上感应出电涡流，如图 2-7 所示。在笼型绕组导体 c 和 b 之间的导磁区域内，有向外的磁力线，并且该磁力线在旋转磁场的作用下增强，因此，导体 c、b 上会感应出 i_1 电涡流；同理，导体 a 和导体 b 区域内减弱的磁力线会在导体上感应出 i_2 电涡流。导体 b 上的电流在定子旋转磁场的作用下，会使笼型绕组 b 导体受到电磁力，从而使转子产生电磁转矩，旋转起来。旋转的转子逐渐追上旋转磁场，以比磁场的“同步转速 n_0”稍慢的异步电机转速 n 旋转。这种转子

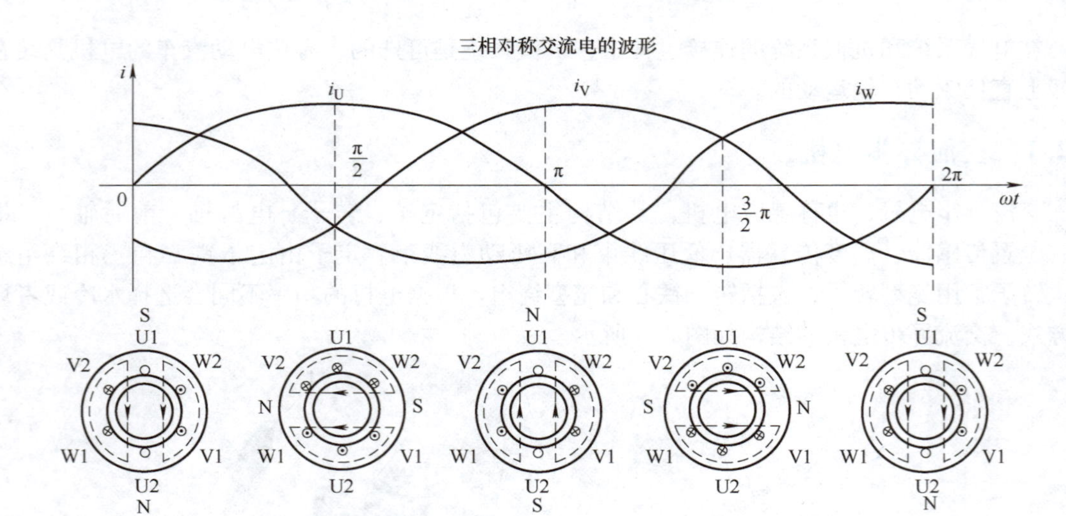

图 2-6　两极定子绕组旋转磁场图

的转速 n 比定子磁场的转速 n_0 稍慢的现象称为转子发生了转差，这种异步转差，让笼型转子导体持续切割磁力线产生感应电涡流，由此，在转子上，电能转化成机械能，保证持续对外输出。

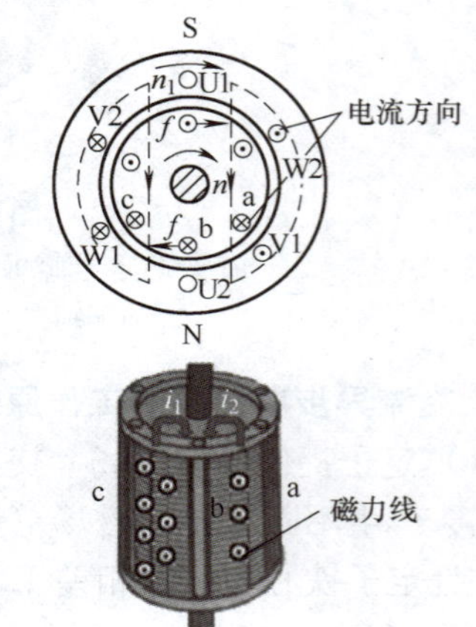

图 2-7　笼型转子绕组中的电涡流

2. 交流异步电机的发电工作原理

根据法拉第电磁感应定律，闭合电路的一部分导体在磁场里做切割磁力线的运动时，导体中就会产生感应电流，产生的电动势称为感应电动势。在交流异步电机中，电机作为发电机时，定子中通入的三相电流为激磁电流，提供磁场，转子上绕组提供导体，当通过外部机械力，比如汽车驱动轴带动转子轴，从而带动转子运动时，如果转子上的转速高于定子旋转磁场的同步转速，此时交流异步电机即为发电机，转子此时切割旋转磁场的方向与作为驱动电机转子工作时相反，因而转子感应电动势的方向也相反。在发电过程中，电机转子受到与外力拖动相反的电磁阻力矩，使转子速度下降。

3. 转差率与异步电机运行状态之间的关系

异步电机转速

$$n=(1-s)n_0=\frac{60f_1(1-s)}{p}$$

式中 s 为转差率，电机转速与旋转磁场的转速不相同，故称“异步电机”。通过改变转差率 s、极数 p 和定子频率 f_1 可以实现电机转速的改变。

异步电机可以有三种运行状态，它与转差率 s 或转速 n 之间的关系可用图 2-8 来表示。

1）电动机运行状态。当 $0<n<n_0$ 或 $0<s<1$ 时，为电动机运行状态。如前所述，由于转子与旋转磁场存在差速，转子导体就能切割磁场而感应电动势及电流，产生的电动转矩为驱动转矩，电机即能克服负载转矩与磁场同方向旋转。电机从电源吸收电功率，从轴上输出

机械功率。

2）发电机运行状态。当 $n>n_0$ 或 $s<0$ 时，为发电机运行状态。

图 2-8　转差率与异步电机的三种运行状态

作为电动机运行的异步电机，靠其本身的电磁转矩是不可能使转速超过同步转速 n_0 的。但如果在轴上连接原动机，或者由其他转矩（如惯性转矩、重力转矩）去拖动异步电机，使其转速 $n>n_0$，$s<0$ 时，旋转磁场切割转子导体的方向将相反，使得导体的感应电动势方向改变，转子电流及其电磁转矩的方向也随之改变，即电磁转矩变为制动转矩，原动机向异步电机输入机械功率。此时由于转子电流改变，经磁动势平衡作用，定子电流也随之改变方向，变吸收电功率为输出电功率，故 $n>n_0$，$s<0$ 时，异步电机运行于发电机状态。对于电动汽车要在降速制动过程中实现发电回馈，其电机转速 n 是不可能再升高的，但是根据前述同步转速 n_0 的公式 $n_0=60f/p$，可看出 n_0 与其驱动电源频率 f 成正比，即可通过调频方式，降低 f_1 来减小 n_0 以达到发电回馈的目的。汽车下坡行驶时，随着位能下降的加速作用，n 可能会大于 n_0，但为确保安全，也可采用与降低电源频率 f 相结合的方法来实现发电回馈。

3）电磁制动状态。当 $n<0$ 或 $s>1$ 时，为电磁制动状态。如果原动机所带负载的转矩很大，电机不仅不能带动负载，反而会在负载转矩的作用下朝着相反的方向旋转。例如，在吊车起吊货物时，由于货物过重，电机不仅不能将货物吊起来，反而会由于货物的下沉而使电机反转，即转速 n 变为负值，电磁转矩即为制动转矩。此时电机一方面从电网吸收电功率，另一方面又从轴上吸收机械功率，两部分功率变为电机内部的损耗，异步电机运行于电磁制动状态，也称为“反接制动”状态。

对于变极调速，当电机的极数一定时，电机的转速已固定，所以它是有极的，且其变速是有限的，因为极数增多会使电机的结构复杂，体积和质量增大。对于改变转差率调速，在低速时转差率大，电机损耗大，效率低，且其结构复杂，成本高。

对于变频调速，在均匀地改变定子绕组的供电频率时，既可平滑地改变电机的转速，又可在调速过程中，从低速到高速都能保持较小的转差率，因而具有效率高、调速范围宽、调速精度高的优点。

2.2.2　永磁同步电机

永磁电机有多种分类方法，根据输入电机接线端的电流种类可分为永磁直流电机和永磁交流电机。由于永磁交流驱动电机没有电刷、换向器或集电环，因此也可称为永磁无刷电机。根据输入电机接线端的交流波形，永磁无刷电机可分为永磁同步电机和永磁无刷直流电机。输入永磁同步电机的电流是交流正弦或者近似正弦波，采用连续转子位置反馈信号来控制换向；而输入永磁无刷直流电机的电流是交流方波，采用离散转子位置反馈信号控制转向。已有的永磁电机可分为永磁直流电机、永磁同步电机、永磁无刷直流电机和永磁混合式电机四类。其中，后三类没有传统直流电机的电刷和换向器，故统称为永磁无刷电机。在电动汽车中，永磁同步电机应用广泛，以下做重点介绍。

1. 永磁同步电机的分类

三相永磁同步电机具有定子三相分布的绕组和永磁转子，在磁路结构和绕组分布上保证反电动势波形为正弦波，为了进行磁场定向控制，输入到定子的电压和电流也为正弦波。根据永磁体在转子上的位置的不同，永磁同步电机可以分为永磁体内置式电机（SPM）和永磁体外置式电机（IPM）。

（1）内置式永磁同步电机　内置式永磁同步电机按永磁体磁化方向可分为径向式、切向式和混合式，在有阻尼绕组情况下，内置式永磁同步电机转子结构示意图如图 2-9 所示。内置式永磁同步电机转子由于内部嵌入永磁体，导致转子机械结构上有凸极特性。

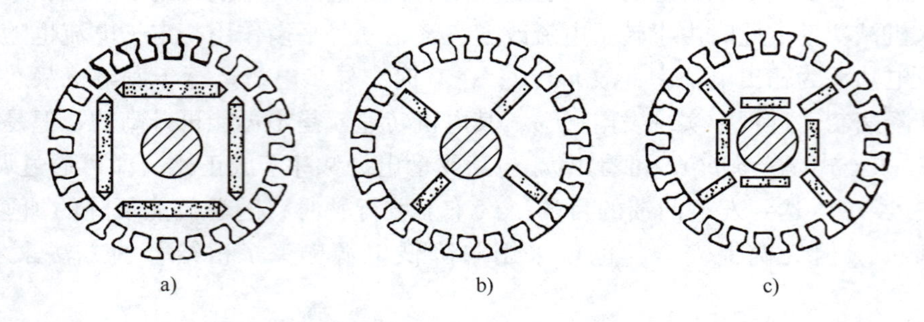

图 2-9　内置式永磁同步电机转子结构示意图

a）径向式　b）切向式　c）混合式

（2）外置式永磁同步电机　外置式永磁同步电机根据永磁体是否嵌入转子铁心中，可以分为面贴式和插入式两种，外置式永磁同步电机转子结构示意图如图 2-10 所示。

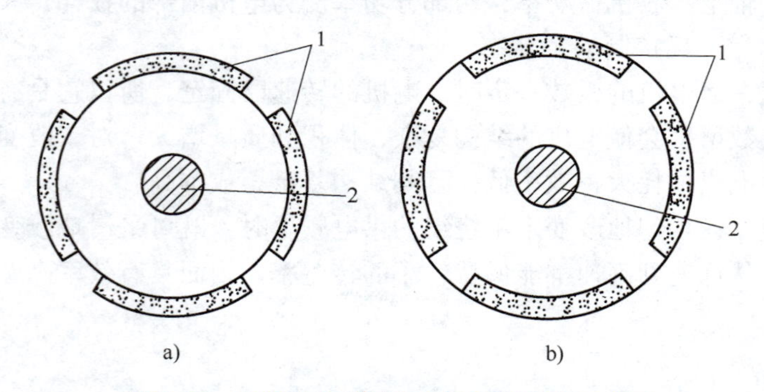

图 2-10　外置式永磁同步电机转子结构示意图

a）面贴式　b）插入式

1—永磁体　2—转轴

面贴式永磁同步电机的转子永磁体一般为瓦片形，通过合成粘胶粘于转子铁心表面。功率稍大的面贴式永磁同步电机中，永磁体与气隙之间可以通过无纬玻璃丝带加以捆绑保护，防止永磁体因转子高速转动而脱落。插入式永磁同步电机的永磁体嵌入到转子铁心中，两永磁体之间的铁心成为铁磁介质突出的部分。在面贴式永磁同步电机中，由于永磁体的相对磁导率接近真空磁导率（$\mu=1.0$），等效气隙基本均匀，所以交、直轴电感基本相等，是一种隐极式同步电机。插入式永磁同步电机的交轴（q 轴）方向上的气隙比直轴（d 轴）的小，交轴的电感也比直轴大，是一种凸极式永磁同步电机。相对而言，由于永磁体的存在使得面贴式永磁同步电机定子和转子之间的有效气隙较大，因而定子的电感较小。

外置式永磁同步电机的结构比内置式电机简单，且具有制造容易、成本低廉的优点，因而工业上应用较多。其中面贴式永磁同步电机转子结构最为简单，与插入式相比，它提高了转子表面的平均磁密，可以得到更大的电磁转矩。现阶段，工业上应用最多的是面贴式永磁同步电机。

2. 永磁同步电机的性能特点

永磁同步电机的功率因数大、效率高、功率密度大，是一种比较理想的驱动电机。但正由于电磁结构中转子励磁不能随意改变，导致电机弱磁困难，调速特性不如直流电机。目前，永磁同步电机理论还不如直流电机和感应电机完善，还有许多问题需要进一步研究，主要有以下两方面。

（1）电机效率　永磁同步电机低速效率较低，如何通过设计降低低速损耗，减小低速额定电流是目前研究的热点之一。

（2）电机的弱磁能力　永磁同步电机由于转子是永磁体励磁，随着转速的升高，电机电压会逐渐达到逆变器所能输出的电压极限，这时要想继续升高转速只有靠调节定子电流的大小和相位增加直轴去磁电流来等效弱磁提高转速。电机的弱磁能力大小主要与直轴电抗和反电动势大小有关，但永磁体串联在直轴磁路中，所以直轴磁路一般磁阻较大，弱磁能力较小，电机反电动势较大时，也会降低电机的最高转速。

由于永磁电机的转子上无绕组、无铜耗、磁通量小，在低负荷时铁损很小，因此，永磁电机具有较高的“功率/质量”比，比其他类型的电机有更高的频率、更大的输出转矩。其转子电磁时间常数较小、电机的动态特性好、电机的极限转速和制动性能等都优于其他类型的电机。永磁电机的定子绕组是主要的发热源，其冷却系统相对比较简单。

由于永磁电机的磁场产生恒定的磁通量，随着电流量的增加，电机的转矩与电流成正比增加，因此基本上拥有最大的转矩。随着电机转速的增加，电机的功率也增加，同时电压也随之增加。在电动汽车上，一般要求电机的输出功率保持恒功率，即电机的输出功率不随转速增加而变化，这就要求在电机转速增加时，电压保持恒定。

一般电机可以用调节励磁电流来控制，但永磁电机磁场的磁通量调节比较困难，因此需要采用磁场控制技术来实现。这使得永磁电机的控制系统变得更复杂，而且增加了成本。

永磁电机受到永磁材料工艺的影响和限制，使得永磁电机的功率范围较小，最大功率仅几十千瓦。永磁材料在受到振动、高温和过载电流作用时，可能会使得永磁材料的导磁性能下降或发生退磁现象，这会降低永磁电机的性能，严重时还会损坏电机，在使用中必须严格控制其不发生过载。永磁电机在恒功率模式下，操纵较为复杂，永磁电机和三相异步电机同样需要一套复杂的控制系统，从而使得永磁电机的控制系统造价也很高。最新研制和开发的混合励磁永磁同步电机使得永磁同步电机的控制性能得到大的改进。

永磁同步电机的驱动特性如图 2-11 所示。从图中可看出永磁无刷同步电机的恒转矩区比较长，一直延伸到电机最高转速的 50% 处左右，这对提高汽车的低速动力性能有很大帮助，电机最高转速较高，能达到 10000r/min。永磁无刷同步电机功率密度高、调速性能好、在宽转速范围内运行效率高（90% ~95%），是理想的电动汽车驱动电机之一。它的主要缺点是电机造价较高、永磁材料会有退磁效应、抗腐蚀性差，而且永磁材料磁场不可变，要想增大电机的功率其体积会很大。随着稀土永磁材料的开发和应用，永磁无刷电机的性能有了很大的提高，是未来最有发展前景的驱动电机之一。

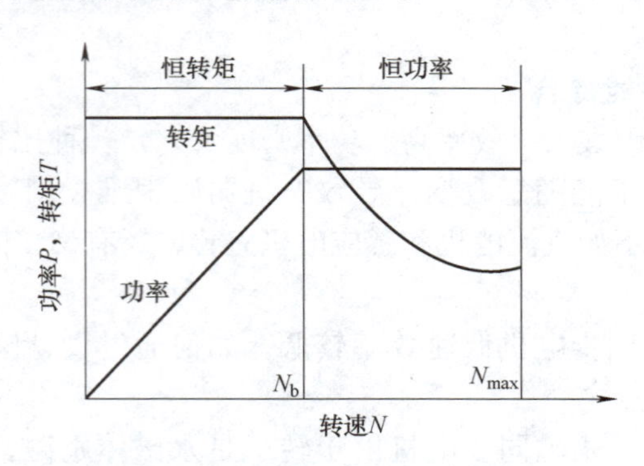

图 2-11　永磁同步电机的驱动特性

电动汽车运行于较宽的负载和转速范围及复杂的路况下，必须确保其在恶劣路面、气候大幅度变化的交通状况下的整体性能的优异、高效和可靠性，因此电动汽车的电机及其控制与传统的电机及其控制相比，其特殊要求如下：

1）高的短时功率、转矩密度和宽调速范围。低速（恒转矩区）运行应能够提供大转矩，以满足起动、爬坡等要求；能够提供高转速，以满足汽车高速行驶及超车的要求。

2）在整个运行范围内具有高效率。目的是增加电动汽车一次充电的行驶距离。

3）有较强的过载能力、快速的动态响应及良好的加速性能。目的是适应路面变化及频繁起动和制动等复杂运行工况。

4）可靠性高，质量小，体积小，成本合理。电动汽车的性能指标主要包括：静加速度、经济车速、最高车速、爬坡度、续驶里程。设计电动汽车用 PMSM，必须首先对电动汽车不同运行工况进行正确的受力分析及能量转换分析，依此确定驱动电机的性能指标。

3. 永磁同步电机控制技术

现在，绝大多数调速的永磁同步电机都属于自控式，自控式是指位置反馈信息确保电机系统和逆变器一直处于同步状态。采用自控式的电机驱动系统，通过霍尔位置传感器检测磁极的位置。控制策略方面，永磁同步电机控制系统可以采用矢量控制（磁场定向控制）或直接转矩控制等先进控制策略。采用矢量控制的策略时，通过三闭环电流闭环、磁极位置闭环和转速闭环对电机进行控制。

矢量控制最初是应用于异步电机，基本原理是检测和控制异步电机定子电流矢量，根据磁场定向原理，对异步电机的励磁电流和转矩电流进行控制，以达到控制异步电机转矩的目的。具体原理是将异步电机的定子电流矢量分解为产生磁场的电流分量（励磁电流）和产生转矩的电流分量（转矩电流），并分别加以控制，主要是控制两分量的幅值和相位，也就是控制定子电流矢量，因此称这种控制方式为矢量控制方式。矢量控制方式又可以分为以下几种：基于转差率控制的矢量控制方式、无速度传感器矢量控制方式和有速度传感器矢量控制方式等。

通过矢量控制方法可以将交流伺服电机建模成励磁绕组和电枢绕组与转子同步旋转的直流电机，从而将直流调速系统的理论应用到永磁同步交流伺服电机的控制中，来获得高性能的控制效果。永磁同步电机的矢量控制原理与异步电机的矢量控制原理基本一致，都是基于磁场定向的控制策略。

由于永磁同步电机转子永磁体提供的磁场是恒定的，但电机结构和参数不同，因此相应的控制方法也有所差别。目前，永磁同步电机矢量控制方法主要有：最大转矩/电流控制、$i_d=0$ 控制、弱磁控制等。

（1）最大转矩电流比（MTPA）控制　永磁同步电机在 d，q 轴坐标系下的电磁转矩 T_{em}

$$T_{em}=p[\Psi_{pm}i_q+(L_d-L_q)i_di_q]$$

式中　i_d、i_q——直轴、交轴电枢电流。

当永磁同步电机的转速增加到额定转速，电机产生的定子绕组端电压达到逆变器所接受的最大极限电压时，电机转速只能维持额定转速运行，无法继续升速。为了使电机保持恒功率运行，此时电机只能进行弱磁提速，即通过降低定子线圈的励磁磁通削弱气隙磁场来达到电机升速的目的。永磁同步电机转子磁链定向矢量图如图 2-12 所示。

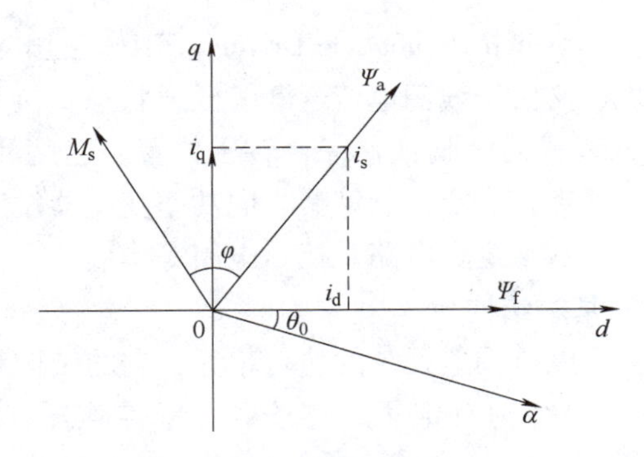

图 2-12　永磁同步电机转子磁链定向矢量图

通过矢量控制方法可以将交流伺服电机建模成励磁绕组和电枢绕组与转子同步旋转的直流电机，从而将直流调速系统的理论应用到永磁同步交流伺服电机的控制中来获得高性能的控制效果。永磁同步电机的矢量控制原理与异步电机的矢量控制原理基本一致，都是基于磁场定向的控制策略。

由于永磁体在安装时，磁极一般难以完全与 α 相重合，通常会出现一个夹角，称为永磁体安装的初始角度 θ_0。

（2）$i_d=0$ 控制　本质上 $i_d=0$ 控制也属于最大转矩/电流控制，它是相对于面贴式永磁同步电机来说的。由于其 q 轴（转矩轴）的电感基本相等，其 d 轴（励磁轴）上的电流为

0，因此，采用 $i_d=0$ 控制策略时，定子电流中只有交流分量，而且定子磁通势空间矢量与转子永磁体产生的磁场空间矢量正交，定子电流只有转矩分量。如果在永磁同步电机的整个运行过程中保证 $i_d=0$，转矩将只受到定子电流 q 轴分量 i_q 的作用。这样，产生相同转矩的条件下，所需的定子电流最小，可以大大降低铜耗，从而提高电机系统的效率。因此，采用 $i_d=0$ 的转子磁链定向矢量控制具有以下的特点：

① 转子磁链 ψ_f 与定子电流 q 轴转矩分量 i_q 解耦，互相独立。

② 定子电流 d 轴的励磁分量为0，永磁同步电机的数学模型进一步化简。

③ 随着负荷增加，定子电流增大，这样会造成同步电机功率因素降低。

（3）弱磁控制　通过以上对 $i_d=0$ 控制策略的分析可知，它主要是针对转矩的控制，因此若需要改善电机在其他工作区间内的调速性能，就需要进行弱磁控制。

永磁同步电机的弱磁控制思路来自他励式直流电机的励磁控制。他励式直流电机的转速随着端电压的升高而增大，当端电压达到极限值，如果还要增大转速，就必须降低电机的励磁电流，把磁场减弱，从而保证电动势和电压平衡。在永磁同步电机系统中，随着转速的增加，其端电压也不断增加，端电压将受到逆变器的允许输出电压值的限制，其原理与他励式直流电机相似。当采用最大转矩/电流控制时，电机的最高转速也会受到逆变器允许输出电压的制约。为了进一步扩大可调速的区间，要进行弱磁控制。由于永磁同步电机的励磁磁通势是永磁体产生，无法调节，所以可以通过调节定子电流，增加定子的直轴去磁电流分量来维持高速运行时电压的平衡，达到扩速的目的。

2.2.3　开关磁阻电机

开关磁阻电机驱动系统（Switch Reluctance Driver，SRD）的电机部分由于是运用了磁阻最小原理，故称为磁阻电机，又由于线圈电流通断、磁通状态直接受开关控制，故称为开关磁阻电机。SRD 是磁阻动力装置的大脑，它综合转子位置、速度和电流等反馈信息及外部输入的命令，通过在线分析处理，决定控制策略，向功率变换器发出执行命令，控制磁阻电机运行。控制器由微控制器、数字逻辑电路及接口电路等构成。

1. 开关磁阻电机系统的基本结构

开关磁阻电机是开关磁阻电机调速系统的执行单元，它的结构和工作原理与传统交直流电机有着根本的区别，其主要结构有定子、转子、位置传感器、散热风扇等，如图 2-13 所示。

2. 开关磁阻电机系统的工作原理

其工作原理也很简单，即利用磁阻最小原理。下面以 12/8 极三相开关磁阻电机为例介绍其工作原理，图 2-14 所示为该电机的横截面和一相电路的工作原理。S_1、S_2 是电子开关，VD_1、VD_2 是续流二极管，U_S 是直流电源。它的定子和转子为双凸极结构，极数互不相等，定子绕组可根据需要采用串联、并联或串并联结合的形式在相应的极上得到径向磁场，转子由硅钢片叠压构成，无绕组，转子带有位置检测器以提供转子位置信号，使定子绕组按一定的顺序通断，保持电机的连续运行。电机磁阻随着转子磁极与定子磁极的中心线对准或错开而变化，因为电感与磁阻成反比，当转子磁极在定子磁极中心线位置时，相绕组电感最大，当转子极间中心线对准定子磁极中心线时，相绕组电感最小。

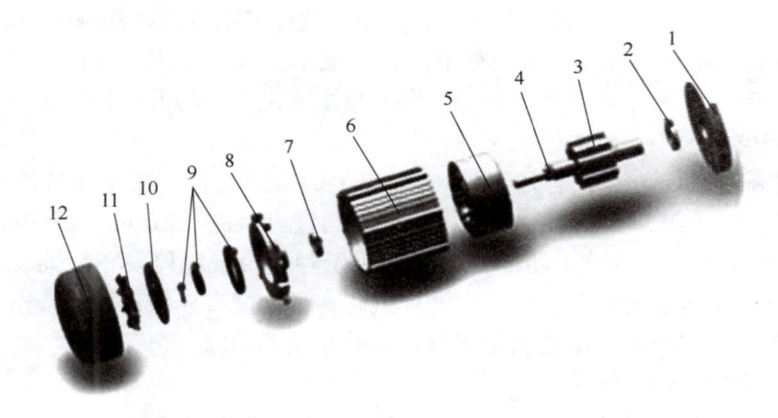

图 2-13 开关磁阻电机主要结构

1—前端盖 2—前端轴承 3—转子 4—电机轴 5—定子 6—电机壳体
7—后端轴承 8—后端盖 9—位置传感器 10—传感器维修盖 11—散热风扇 12—风扇端盖

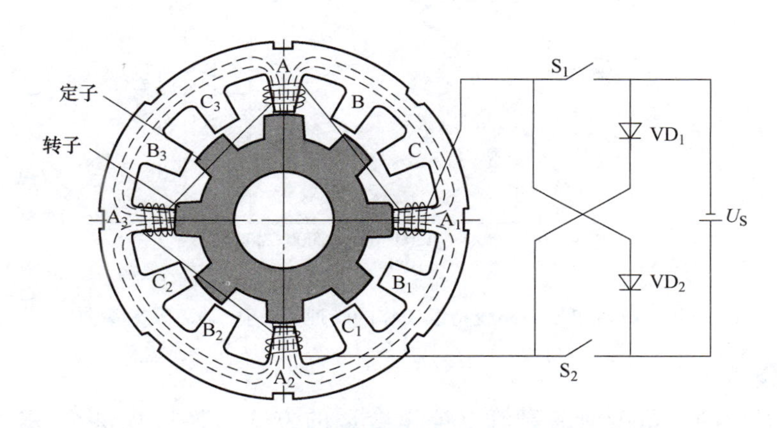

图 2-14 开关磁阻电机的横截面和一相电路的工作原理

3. 开关磁阻电机驱动系统的特点

开关磁阻电机驱动系统工作的基础原理，决定了其成为革命性的电机驱动系统，是当代高性能电机之首，主要表现在：

1）起动转矩大、起动电流小，控制系统从电源侧吸收很小的电流就可提供很大起动转矩，典型数据是：起动电流为额定电流的 15% 时起动转矩为 100% 的额定转矩，30% 时可达 150%。其优点还可以延伸到低速运行阶段，因此低速下可实现大转矩、直驱运行，是少数几种可以在低转速下实现大转矩的电机。

2）无功损耗极小，功率因数接近 1。无功损耗大约是三相异步电机无功损耗的 2% 左右。

3）电机系统高效区非常宽泛，高、中、速区转矩和效率兼顾。因为一方面电机的转子无铜损，另一方面电机可控参数多灵活方便，易于在宽转速范围和不同负载下实现转矩和效率的优化控制。以 45kW 的开关磁阻电机（Switch Reluctance Motor，SRM）为例，在低、中、高速的广泛范围内都在 80% 以上，这是其他一些调速系统难以达到的。

4）峰值转矩高、区间宽、持续时间长，这是其他任何电机系统都做不到的。

5）对负载的变化自动检测，能调整电流，从根本上实现节电。不同于诸多“调整型”节电设备，磁阻动力系统在运行时驱动器能自动感知电机负载的大小和变化，并据此自动调整从电源侧所取电流大小，从本质上实现了节电。

6）可以超高速运行，特别是100000r/min以上的应用场合，效率和转矩相比正弦波电流永磁同步电机（PMSM）和矩形脉冲波电流的无刷直流电机（BLDC）更具有优势。

7）电机结构简单，寿命高，可靠性好，适用于频繁带载起停及正反向转换运行。SRM的结构比笼型感应电机还要简单，其突出的优点是转子上没有任何形式的绕组，因此不会有笼型感应电机制造过程中铸造不良和使用过程中的断条等问题；定子方面，它只有几个集中绕组，因此制造简便、绝缘结构简单。

以额定功率、45kW、峰值功率110kW乘用车开关磁阻电机系统为例，其额定电压下系统持续工作的转速-转矩、功率及效率曲线如图2-15所示。

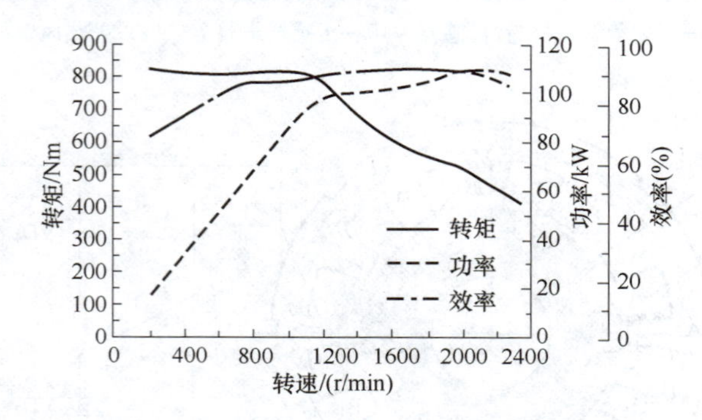

图2-15　额定电压下系统持续工作的转速-转矩、功率及效率曲线

4. 功率变换器功用

功率变换器把动力蓄电池的直流电能以合适的方式转换后提供给SRM。因为SRM绕组的电流是单向的，所以功率变换器不仅结构简单，而且相绕组与主开关器件采用的是简单的串联连接方式，避免了直接短路故障现象。功率变换器主电路的结构形式由供电电压、电机相数以及主开关器件的种类所决定，它是SRD能量传输的通道，直接用来驱动SRM，因此功率变换器是影响SRD性价比的主要因素之一。SRD系统通过控制器对SRM运行状态进行控制。控制器对电流和位置检测器的反馈信息、速度指令和速度反馈信号进行综合处理后，控制功率变换器中主开关器件的通断，实现对SRM运行状态的控制。因为SRM的运行状态取决于控制器，所以控制器的优劣将会直接影响到其运行性能。位置检测器用来检测转子位置以及提供速度信号。电流检测器用来检测系统的电流信号并提供电流信息来完成电流斩波控制或采取相应的保护措施以防止出现过电流现象。

综上所述，可以得出以下结论：SRM的转动方向总是逆着磁场轴线的移动方向，改变SRM定子绕组的通电顺序，就可改变电机的转向；而改变通电相电流的方向，并不影响转子转动的方向。

一般在双向控制系统的实现中，主要解决的是以下两方面的问题：

1）SRM 发电/电动状态下的最优控制问题：由于不同能量流动过程要分时控制，因而对控制方法的选择非常重要，一般说来，要通过软件编程来实现两种控制方式的切换。

2）SRM 的能量回馈问题：电机以发电方式工作时，将电机转子轴上的动能转变为电能，此能量通过功率主电路的续流二极管回馈到直流母线侧，为储能装置充电，从而实现能量的再生回馈。

一般而言，SRM 双向控制系统主要由 SRM、主功率变换器、主控制器、检测模块和高功率密度储能装置 5 部分组成，其框图如图 2-16 所示。主功率变换器的作用是将电源提供的能量经适当转换后提供给电机，同时在发电阶段也将回馈的能量提供给储能装置。主控制器是根据电机的实际运行情况综合处理位置检测单元，通过电流电压检测单元提供的电机转子位置、速度和电流、电压等反馈信息及外部输入的指令，实现对 SRM 运行状态的控制，使之满足预定的双向控制要求，它是控制系统的指挥中枢。高功率储能模块负责对发电阶段回馈的能量进行回收，并在需要的时候再提供给电动汽车。

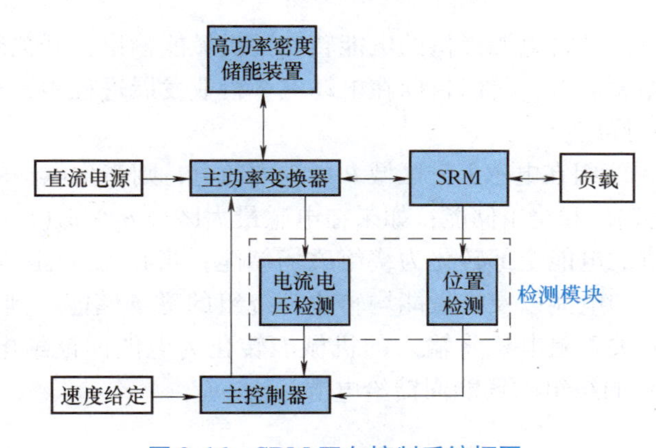

图 2-16 SRM 双向控制系统框图

SRM 的双向控制系统综合发电和电动两个过程，虽然由于 SRM 的非线性，控制系统增加了复杂性，但却使 SRM 具有其他种类电机所无法比拟的一系列独特优越性，例如容错性强、控制灵活简单、可靠性高、应急环境适应性强、可维护性好以及方便实现电机的四象限运行，非常适合作为电动汽车的回馈制动/电动系统使用。

5. 开关磁阻电机运行特性

SRM 的驱动系统多采用计算机控制。在电机速度小于或等于 ω_b（第一转折点转速）时，通常采用电流或电压斩波控制（CCC）方式，用调节相绕组中的电流大小来控制电机转矩和过电流保护控制，实现恒转矩运转。在电机速度大于 ω_b 并且小于或等于 ω_{sc}（第二转折点转速）时，采用角度位置控制（APC）方式，电机的转矩随转速的增加而下降，电机的功率保持不变，实现恒功率运转。在电机速度大于 ω_{sc} 时，由于可控制条件都超过了极限，转矩不再随转速的一次方下降，SRM 改变串励特性运行，电机转矩随转速的增加而下降。SRM 的运行特性如图 2-17 所示。

SRM 发电/电动运行原理是 SRM 具有四象限运行能力，即可以实现发电/电动的双向运行。当 SRM 在发电状态下时，将原动机提供给电机的机械能转换为电能回馈给电源，而当

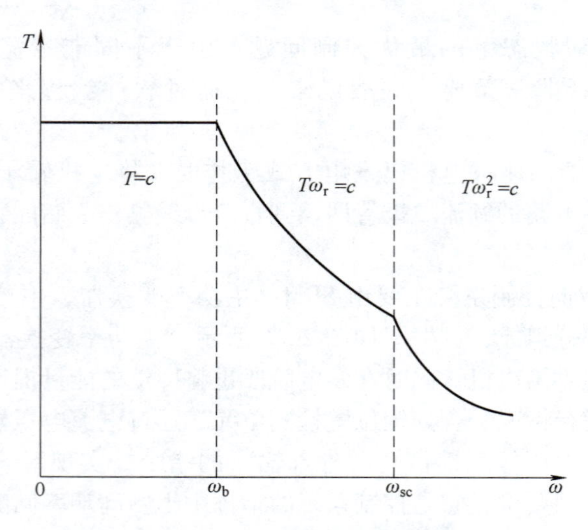

图 2-17　SRM 的运行特性

其在电动状态下运行时，则将电源提供的电能转换为机械能输出。开关磁阻电机控制系统能够在一定程度上满足相关需求，所以目前在电动汽车行业发展进程中，开关磁阻电机控制系统得到了广泛的应用和推广。

在图 2-18 中，如果绕组在电感上升区域 $\theta_2 \sim \theta_3$ 内通电，则产生电动转矩，SRM 将电源提供的电能转化为机械能输出和绕组储能；如果在电感最大区域 $\theta_3 \sim \theta_4(t_1 \sim t_2)$ 内通电，此时没有转矩产生，电源提供的电能全部转化为绕组磁场储能；当在 $t_2 \sim t_3$ 区域给绕组通电时，产生制动转矩，电源提供的电能以及机械能均转化为绕组的磁场储能。到了 $t_3 \sim t_4$ 阶段，同样产生制动转矩，此时开关磁阻电机将输入的机械能转化为电能回馈给电源；在 $t_4 \sim t_5$ 阶段，此时不产生转矩，SRM 的绕组磁场能回馈给电源。

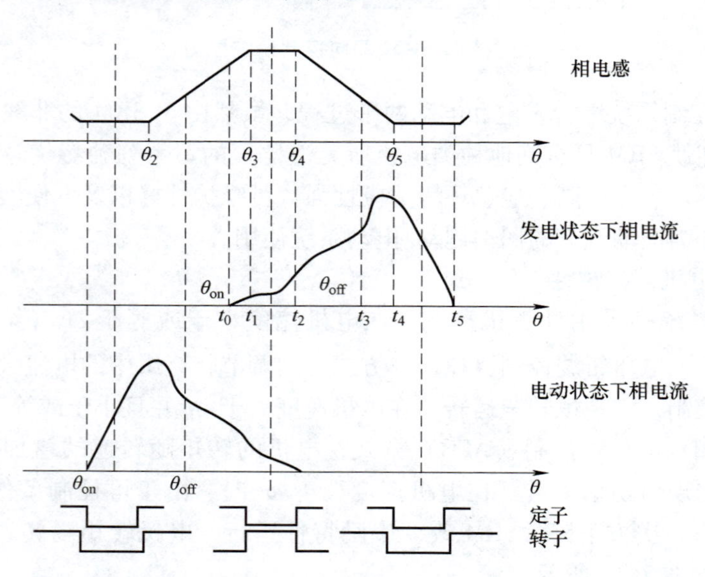

图 2-18　SRM 分别在发电与电动运行时，定子每相的理想电感分布与相电流之间的关系

6. 开关磁阻电机控制技术

SRM 的可控参数为定子绕组电压、开通角与关断角，SRM 的控制就是如何合理改变这些控制参数以达到运行要求，根据改变控制参数的不同方式，SRM 有 3 种控制模式，即角度位置控制（Angular Position Control，APC）、电流斩波控制（Current Chopping Control，CCC）与电压斩波控制（Voltage Chopping Control，VCC），其中，APC 是电压保持不变，通过改变开通角和关断角调节电机转速，适于电机较高速区，但是对于每一个由转速与转矩确定的运行点，开通角与关断角有多种组合，每一种组合对应不同的性能，具体操作较复杂，且很难得到满意的性能；CCC 一般应用于电机低速区，是为限制电流超过功率开关元件和电机允许的最大电流而采取的方法，CCC 实际上是调节电压的有效利用值，与 APC 类似，它也可以随转速、负载要求调节开关角；VCC 是在固定的开关角条件下，通过调节绕组电压控制电机转速，它分直流侧 PWM 斩波调压、相开关斩波调压与无斩波调压，而无斩波调压是通过调节整流电压以响应电机转速要求，在整个速度范围内只有一个运行模式，即单脉冲方式。

SRM 的运行不是单纯的发电或者电动的过程，而是将两者有机结合在一起的控制过程，即它同时也包含了能量回馈的过程。这一控制系统主要特点包括：

1）不同能量流动过程分时控制，采用相同的硬件设备实现。

2）将发电和电动过程整合到一起。

3）能量的回馈。

SRM 控制系统的可控参数主要有开通角、关断角、相电流幅值以及相绕组的端电压，对这些参数进行单独或组合控制就会产生不同的控制方法。

（1）角度控制法（APC）　APC 是电压保持不变，而对开通角和关断角的控制，通过对它们的控制来改变电流波形以及电流波形与绕组电感波形的相对位置。在 APC 控制中，如果改变开通角，而它通常处于低电感区，则可以改变电流的波形宽度、改变电流波形的峰值和有效值大小以及改变电流波形与电感波形的相对位置，这样就会对输出转矩产生很大的影响。改变关断角一般不影响电流峰值，但可以影响电流波形宽度以及与电感曲线的相对位置，电流有效值也随之变化，因此关断角同样对电机的转矩产生影响，只是其影响程度没有开通角那么大。具体实现过程中，一般情况下采用固定关断角、改变开通角的控制模式。与此同时，固定关断角的选取也很重要，需要保证绕组电感开始下降时，相绕组电流尽快衰减到零。对应于每个由转速与转矩确定的运行点，开通角与关断角会有多种组合，因此选择的过程中要考虑电磁功率、效率、转矩脉动及电流有效值等运行指标，来确定相应的最优控制的角度。在系统的控制中，要遵循一个原则，即在电机制动运行时，应使得电流波形位于电感波形的下降段；而在电机电动运行时，应使电流波形的主要部分位于电感波形的上升段。角度控制的优点是，转矩调节范围大；可允许多相同时通电，以增加电机输出转矩，且转矩脉动小；可实现效率最优控制或转矩最优控制。但角度控制法不适应于低速，一般在高速运行时应用。

（2）电流斩波控制（CCC）　在 CCC 方式中，一般使电机的开通角和关断角保持不变，而主要靠控制斩波电流限值的大小来调节电流的峰值，从而起到调节电机转矩和转速的目的。它的实现形式可以有以下两种：

① 限制电流上下幅值的控制。即在一个控制周期内，给定电流最大值和最小值，使相

电流与设定的上下限值进行比较，当大于设定最大值时则控制该相功率开关元件关断，而当相电流降低到设定最小值时，功率开关管重新开通，如此反复，其电流斩波波形如图 2-19 所示。这种方式，由于一个周期内电感变化率不同，因此斩波频率疏密不均，在电感变化率大的区间，电流上升快，斩波频率一般很高，开关损耗大，好处是转矩脉动小。

② 电流上限和关断时间恒定。该方法与上一种方法的区别是，当相电流大于电流斩波上限值时，就将功率开关元件关断一段固定的时间再开通。而重新导通的触发条件不是电流的下限而是定时，在每一个控制周期内，关断时间恒定，但电流下降多少取决于绕组电感量、电感变化率、转速等因素，因此电流下限并不一致。关断时间过长，相电流脉动大，易发生“过斩”；关断时间过短，斩波频率又会较高，功率开关元件开关损耗增大，应该根据电机运行的不同状况来选择关断时间。

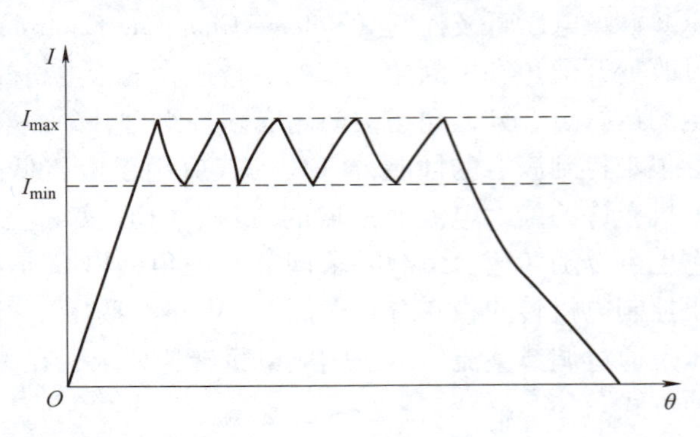

图 2-19　设定电流上下限幅值的电流斩波波形

电流斩波控制适用于低速和制动运行，可限制电流峰值的增长，并起到良好有效的调节作用，而且转矩也比较平稳，电机转矩脉动一般也比采用其他控制方式时要明显减小。

(3) 电压斩波控制（VCC）　这种控制方式与前两种控制方式不同，它不是实时调整开通角和关断角，而是某相绕组导通阶段，在主开关的控制信号中加入 PWM 信号，通过调节占空比来调节绕组端电压的大小，从而改变相电流值。其具体方法是在固定开通角和关断角的情况下，用 PWM 信号来调制主开关器件相控信号，通过调节此 PWM 信号的占空比，调节加在主开关管上驱动信号波形的占空比，从而改变相绕组上的平均电压，进而改变输出转矩。电压斩波控制是通过 PWM 的方式调节相绕组的平均电压值，间接调节和限制过大的绕组电流，适合于转速调节系统，抗负荷扰动的动态响应快。这种控制实现容易，且成本较低；它的缺点在于导通角度始终固定，功率元件开关频率高、开关损耗大，不能精确控制相电流。

实际上在 SRM 双向控制系统中，采用的是后两种控制方法。具体的发电/电动状态控制策略框图如图 2-20 所示。

SRM 的动作过程可分为发电过程和电动过程，分别对应于电动汽车的制动、滑行以及正常行驶过程，电动汽车制动、滑行时的能量将回收到储能装置中，即能量的再生回馈。发电状态和电动状态是通过软件来实现切换的。在整个发电回馈过程中，由于 SRM 本体结构特殊，其定子绕组既是励磁绕组又是电枢绕组，故其励磁与续流（发电）过程必须采用周期性分时控制。其励磁过程是可控的，但续流（发电）过程不可控，因而采用电流斩波控制来调节励磁阶段的励磁电流的大小，从而实现对发电过程的控制。而电动过程采用电压斩波控制，以调节电枢平均电压，从而实现对转矩和转速的调节。

SRM 双向控制系统，主要目标是实现 SRM 的双向运行，着重点在于发电/电动状态下的最优控制以及 SRM 的能量回馈问题，不但要让 SRM 在电动状态下获得优越的调速性能，更要保证其在发电状态下的能量回馈。双向控制系统总体方案框图如图 2-21 所示。

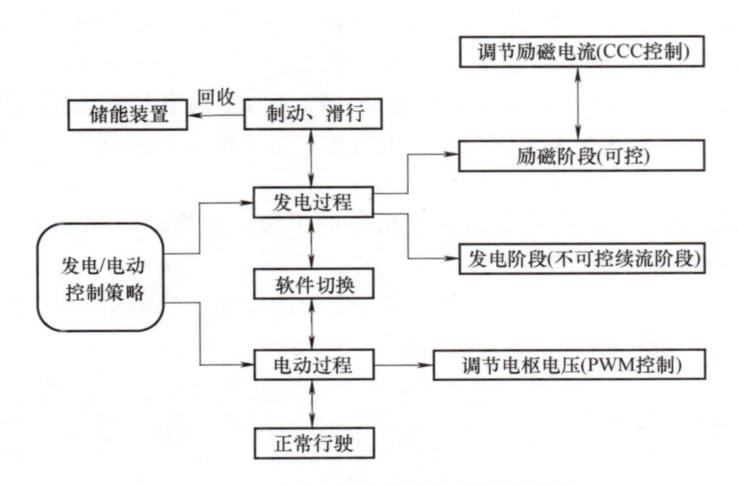

图 2-20　发电/电动状态控制策略框图

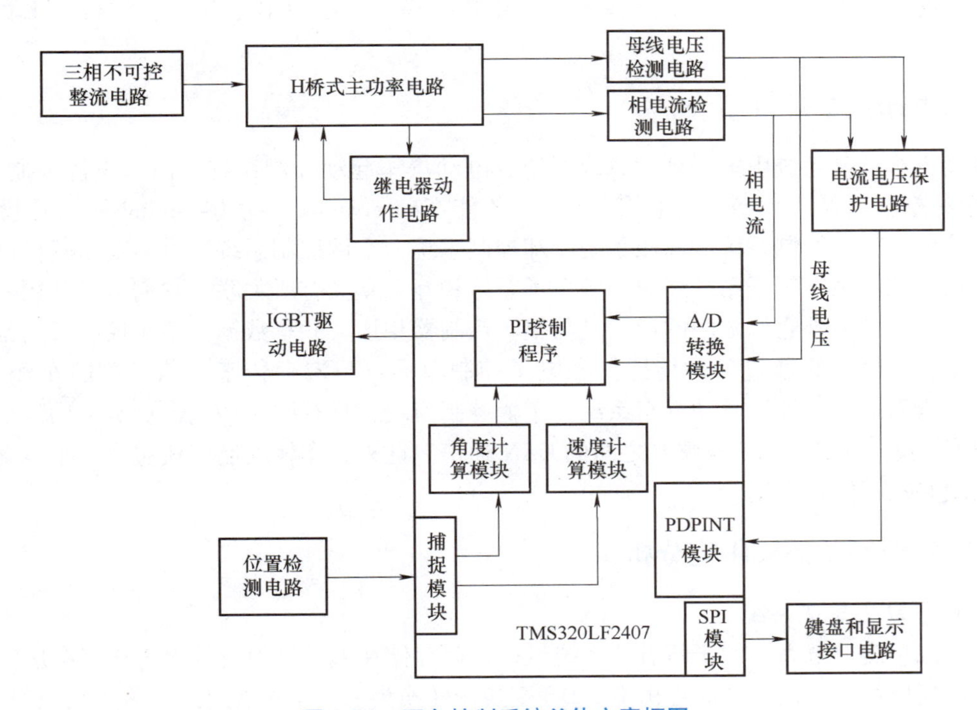

图 2-21　双向控制系统总体方案框图

系统主要是由 SRM 本体、主控制芯片、主功率电路、IGBT 驱动电路以及电流电压检测电路、位置检测电路等外围检测电路构成，具体功能的实现过程如下：三相不可控整流桥将 380V 的三相动力电整流为 537V 的直流电并通过 H 桥式主功率电路给 SRM 供电，同时相电压和相电流检测电路负责对电机的母线电压以及相电流情况进行检测，将检测信号反馈至 DSP 的 A/D 转换模块，进行 A/D 采样；同时，电流电压保护电路接收相电流和相电压检测信号，在对其进行处理后，将过电流和过电压信号反馈至 DSP 的 PDPINT 模块，从而实现整个系统的故障保护功能。此外还有位置检测电路，将光电盘的两路输出信号经调理后，送至

DSP 的捕捉模块，经角度计算和速度计算模块后产生角度和速度控制信号；DSP 内部的 PI 控制模块对 A/D 转换的电流电压信号，以及角度、速度信号进行综合后计算，使 DSP 输出五路占空比可变的 PWM 波形至 IGBT 驱动电路，实现对主功率开关电路的通断控制。另外 DSP 的 SPI 模块负责驱动 4 个显示模块。如上所述，各个模块相互联系、互相协作，共同完成整个控制系统的功能。

1）SRD 性能的改善必须依靠先进控制策略的手段，必须考虑 SRM 的非线性及参数时变特性，但这势必增加系统的复杂性。

2）在实际应用中应当根据性能要求采用与之相适应的控制策略，不可千篇一律，这也正体现了 SRM 控制灵活的一面。

2.3 整车控制系统

电动汽车整车控制系统包括电动汽车的电机区控制系统和车身区控制系统，就是一个跨学科、跨行业的系统工程，它涉及车辆、电机、控制、电力电子等众多学科与工程技术领域。

2.3.1 电动汽车控制系统

电动汽车控制系统由电子动力总成系统、电动汽车起动控制系统、高压电源控制系统、电机功率控制系统、ECO（环保-Ecology，节能-Conservation，动力-Optimization）模式系统、锂蓄电池充电控制系统、高压系统冷却控制系统、空调控制系统、电力变压器控制系统和电源切断控制系统等子系统组成。每个子系统相互独立又有所关联，它们可以共用一些继电器和传感器，另外它们之间的通信又与整车控制器相连，共享数据。整车控制模块是控制系统的中枢神经，它通过各种传感器和电子控制单元（ECU）传来的信号判断车辆状态，同时它以全面的方式控制电动汽车系统。车辆控制模块还具有网关功能，负责电动汽车系统 CAN 通信功能，以及 ECU 与整车之间的 CAN 通信。此外，车辆控制模块包含一个电动换档控制模块和执行换档控制。

2.3.2 各控制子系统研究分析

1. 电子动力总成系统

电动汽车需要电力，用于所有的系统运行，而存储在锂蓄电池中的电力作为高压直流电被提供给高压系统使用，同时也由 DC/DC 变换器转换为 13～15V 电压，并提供给 12V 电源系统。整车控制模块从各种信息中判断车辆状态，并综合执行各种电动汽车系统控制方式，当电子动力总成系统发生故障时，通常采用 4 级应对机制，其严重程度从轻到重依次为禁止快速充电、禁止正常充电、关闭准备状态和高压电源停止。

2. 电动汽车起动控制系统

整车控制模块根据各种传感器、开关和 ECU 发出的信号判断运行模式，并对其进行控制，通过相应地起动继电器来起动/停止电动汽车电力系统。当驾驶人在踩下制动踏板的同时操作电源开关时，整车控制单元将继电器设置为打开状态，为电动汽车系统中的每个 ECU 供电；此外，整车控制模块激活故障安全继电器（它为锂蓄电池内部的系统主继电器提供驱动电源，系统设置为就绪或蓄电池充电状态时，车辆控制模块激活故障安全继电器，使得系统主继电器设置为可控制模式；当车辆控制模块检测电动汽车系统中的故障并判断系统主继电器必须停用时，车辆控制模块停用故障安全继电器，进而关闭系统主继电器驱动电源以启动电源，为系统主继电器供电。整车控制模块会自动判断车辆是否处于准备状态，如出现以下条件，将禁止车辆设置为准备状态：充电连接器已连接、锂蓄电池剩余能量太低、锂蓄电池温度过低（约 -25℃）。

3. 高压电源控制系统

图 2-22 所示为高压电源控制模块系统框图。当驾驶人执行准备状态的操作，或将充电电缆连接到充电端口，或当整车控制模块根据定时器控制启动，并判断必须将高压电路连接到锂蓄电池时，整车控制模块激活系统主继电器 1（集成在锂蓄电池中，由整车控制模块来控制）、系统主继电器 2（集成在锂蓄电池中，由整车控制模块控制）和位于锂蓄电池内部的预充电继电器（由整车控制模块控制）并建立电路。此外，电动汽车系统的高压电路具有预充电电路，以保护高压电路，避免突然施加高压电流。要连接高压电路，整车控制模块必须首先激活系统主继电器 2 和预充电继电器，通过预充电电路中的预充电电阻将高压电力提供给各个系统。当牵引电机逆变器内的冷凝器被施加的电力完全充电时，牵引电机逆变器向整车控制模块发送高压电源准备完成信号；接收信号后，整车控制模块启动系统主继电器 1，并使预充电继电器无效；最后将正常的电力提供给各系统。

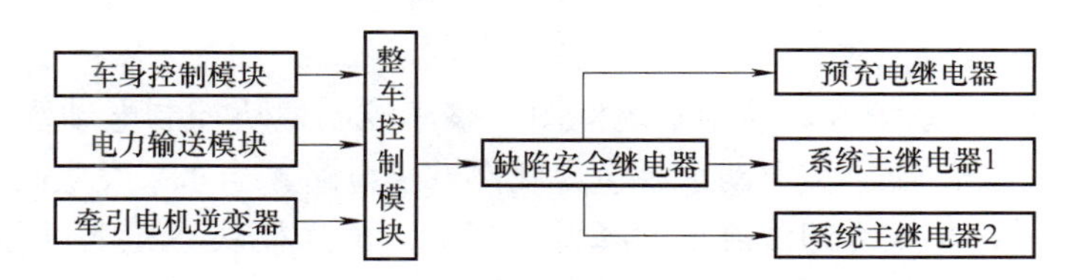

图 2-22　高压电源控制模块系统框图

4. 电机功率控制系统

电机功率控制系统通过将来自锂蓄电池的直流电转换为交流电来产生牵引力，并用交流电来驱动牵引电机运行。整车控制模块根据加速踏板位置、车速和换档位置等信息来计算目标牵引力，此后，整车控制模块向计算出的目标牵引力增加额外的力，随后，整车控制模块基于从每个系统接收到的转矩下降信号，为计算的驱动力增加转矩限制，并决定电机转矩请求信号。该电机转矩请求信号通过 CAN 通信传输到牵引电机逆变器。

5. ECO 模式系统

可以通过 ECO 模式来减少交通拥堵时的电量损耗，这通常是通过减少驱动电机和空调的功耗来实现的，同时系统将增加从驱动电机来的再生电力。当驾驶人通过操作变速杆来选择 ECO 模式时，整车控制模块将控制车速为平缓加速（与正常模式相比），通过减少加速和减速的浪费来减少用电量。另外，整车控制模块会向空调控制器发送 ECO 模式请求信号来降低空调用电量，空调控制器将关闭空调压缩机。同时，整车控制模块通过 CAN 通信向组合仪表（组合仪表显示锂蓄电池容量能力信息、锂蓄电池可用容量信息、锂蓄电池温度信息、行驶距离、最大功率和当前电机功率）发送 ECO 模式指示请求信号，打开 ECO 模式指示灯。

6. 锂蓄电池充电控制系统

图 2-23 所示为锂蓄电池充电模块系统框图。当电动汽车充电口在电源开关为关闭状态下连接时，整车控制模块判断系统处于正在充电模式，并激活缺陷安全继电器来允许充电操作。然后，整车控制模块基于从锂离子蓄电池控制器（蓄电池控制的核心，通过检测组装蓄电池的电压和电流，每个模块的温度以及每个蓄电池的电压来判断充电状态）和电力输送模块发出的可充电功率信号来确定充电功率，最后将最大充电功率信号发送到电源模块。供电模块根据最大充电功率信号和充电口控制盒发送的最大输入电流信号来确定充电功率。同时，整车控制模块激活系统主继电器 1 和系统主继电器 2，至此，锂蓄电池充电开始。当电源开关的状态为打开时，锂蓄电池充电功能无效。当需要充电时，应先开始充电再打开电源开关。如果充电接头在车辆准备好的状态下连接到充电端口，则准备状态关闭，电源开关接通，同时变速位置变为空档。

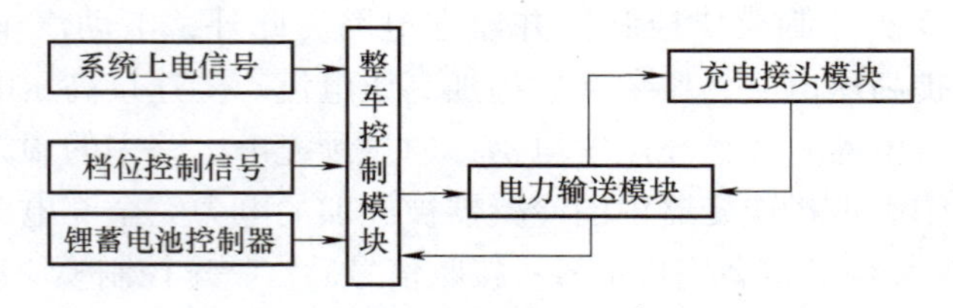

图 2-23 锂蓄电池充电模块系统框图

7. 高压系统冷却控制系统

图 2-24 所示为高压系统冷却控制系统框图。整车控制模块控制电动水泵达到与冷却液温度和车辆速度相匹配的流速。电动水泵包含硬件电子电路，当水泵发生故障时，电动水泵向控制模块发送信号，防止冷却液流量的降低。当电力输送模块在充电过程中需要冷却时，整车控制模块激活电动水泵来循环冷却液到电力输送模块。

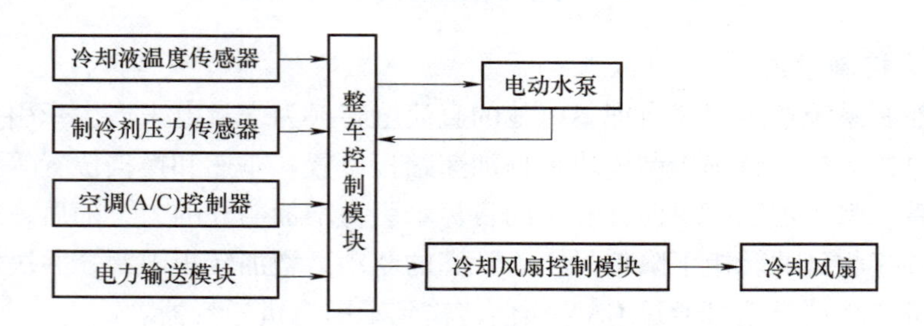

图 2-24 高压系统冷却控制系统框图

整车控制模块根据冷却液温度、车速和冷却风扇速度请求信号来计算适当的速度，并发送占空比信号到冷却风扇控制器模块。整车控制模块根据冷却风扇速度（根据冷却液温度和车速来计算）来判断最大风扇转速，并且输出驱动的占空比信号。

8. 空调控制系统

在电动汽车系统中，整车控制模块控制 A/C 继电器，即使电源开关关闭，空调也可以工作。整车控制模块根据锂蓄电池状态和车辆状态不断计算空调系统可以使用的电力，并将信号发送给空调控制器。当选择 ECO 模式时，整车控制模块将 ECO 模式信号发送到空调控制器，从而控制空调运行在节能模式。

9. 电力变压器控制系统

电源电压可变控制系统可以将电力输送模块内部的 DC/DC 变换器的输出电压降低到 13～15V，以根据电气设备的使用状况和 12V 蓄电池的使用状况降低功耗。蓄电池电流传感器（安装在蓄电池的负极电缆上，检测蓄电池充电/放电电流并将信号发送到整车控制模块）测量蓄电池充电/放电电流和蓄电池环境温度。整车控制模块根据测量判断电气设备和蓄电池的使用状态，决定 DC/DC 变换器的目标输出电压，并将目标 DC/DC 变换器输出信号发送到供电模块。电源模块可以根据目标 DC/DC 变换器的输出信号来变更 DC/DC 变换器的输出电压。当电源电压变量控制系统发生错误时，或当目标 DC/DC 变换器输出信号未传输到 DC/DC 变换器时，转换器默认输出 14V 电压。

10. 电源切断控制系统

因为电动汽车使用高压电源，如果高压电路在碰撞过程中短路到车身地面，则会有触电的危险。为了避免这种风险，如果整车控制模块检测到汽车碰撞信号，它会将系统主继电器停用，这样就可以从高压电路中切断锂蓄电池，从而减少风险。

2.4 整车辅助系统技术

2.4.1 电动助力转向系统技术

电动助力转向系统是一种用于汽车的全新辅助转向系统，它的合理应用能发挥出过去所有辅助转向系统都无法实现的效果，即对汽车实时车速的灵敏感应，而且其控制单元作为系统核心部件之一，还能以汽车行驶速度、转入轴力矩等为依据判断是否需要提供助力，以及提供助力时需要提供多少助力。

汽车电动助力转向系统简化结构如图 2-25 所示。

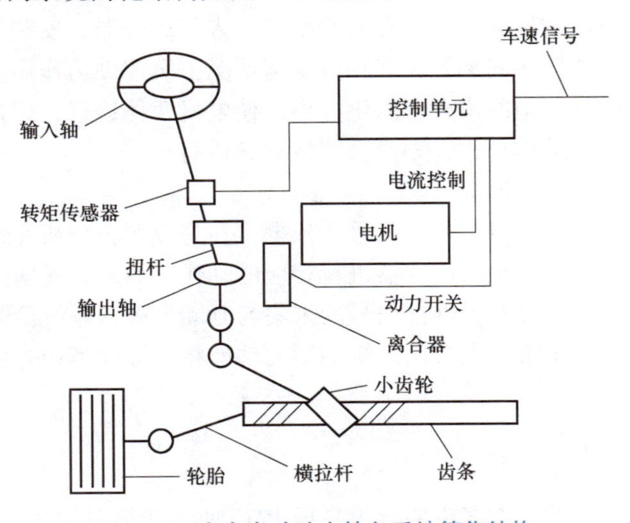

图 2-25　汽车电动助力转向系统简化结构

由图 2-25 可知，该系统由传感器、控制单元、减速机构、电机等关键部件构成。系统中的控制单元以传感器信号为依据对助力转矩方向及幅值进行确定，同时对电机进行直接控制。电机在输出转矩之后，齿轮对其进行放大，同时经过传送系统将电机转矩输送至齿条，以此确保齿条向车轮输送转矩。整个系统的信号源主要为传感器，信号包括转矩、转向、车速和转向角。其中，转向角传感器能以齿条实际位移量及位移角为根据对转向角进行测定。

1. 传感器

1）转矩传感器。它对汽车驾驶人在转入轴上的作用力方向及大小进行测量，并得出转入轴转向及大小。

2）车速传感器。它对汽车实际行驶速度进行测量。以上信号均为系统控制信号。转矩测量系统不仅原理十分复杂，而且成本很高，所以使用高精确度、稳定可靠且成本合理的传感器直接关系到系统是否可以在市场中占据理想地位，这是必须予以高度重视的因素。

一般可用于汽车电动助力转向系统的主要有以下 3 种转矩传感器：①摆动杆式。它通过对因转向器小齿轮轴反作用力矩而产生的摆杆实际位移量的测量来获得转向力矩。②双行星齿轮式。它通过对和扭杆直接连接的行星齿轮存在的相对位移的准确测量来获得转向力矩。对扭杆而言，它一般都处在输入、输出轴之间，所以齿轮机构在发挥自身作用的同时还具有类似减速机构的功能。③扭杆式。它通过对输入、输出轴之间存在的相对位移的准确测量来获得转向力矩。

2. 电机

系统中电机的作用在于以电子控制单元输出的指令为依据输出相应的驱动转矩，它是整个转向系统的动力源，以无刷永磁式直流电机为主。对转向系统工作性能而言，电机会造成较大的影响，属于系统关键部件。同样，转向系统对电机也提出了极高的要求，除了要满足大转矩、低转速、小波动、小体积和小质量的要求，还应尽可能稳定可靠，且容易进行控制。

3. 减速机构

转向系统减速机构和电机直接相连，具有降低速度和增加转矩的功能。常用的减速机构主要为蜗轮蜗杆式或行星齿轮式。某些转向系统还引入了离合器，安装于减速机构的其中一侧，通过这样的处理，能使转向系统仅在预设车速情况下发挥助力作用。在汽车行驶速度达到某个特定值后，转向系统中的离合器发生分离，使电机暂停运行，切换至手动转向。除此之外，如果系统中的电机工作异常，则离合器将对其进行分离。

4. 控制单元

控制单元的主要功能在于以信号源信号为依据，在完成逻辑分析和计算之后产生并发出控制指令，使转向系统中的电机与离合器进行相应的动作。另外，转向系统控制单元还能发挥保护和诊断的作用。它通过对各部件信号的采集与判断，确认系统所处工作状态是否为正常状态。如果系统工作不正常，则转向系统的助力功能将立即取消，并由控制单元完成故障诊断和分析。

2.4.2 电动汽车空调系统技术

目前电动汽车乘员舱加热方案主要分为高压 PTC 加热和热泵加热方案，而高压 PTC 加热又分为风暖 PTC 和水暖 PTC 两种。

1. 风暖 PTC 加热方案

电动汽车风暖 PTC 加热方案拓扑结构如图 2-26 所示。其主要是在传统汽车加热方案的基础上，把乘员舱暖风芯体替换为风暖 PTC，采用电能进行加热。其特点是出风较快，温度感知明显，但由于 PTC 表面工作温度较高，流经 PTC 的气流较为干燥，因此舒适性略差，另外作为高压部件，与空调三厢集成在乘员舱内，存在一定的安全隐患。

2. 水暖 PTC 加热方案

电动汽车水暖 PTC 加热方案拓扑结构如图 2-27 所示。其主要是在传统汽车加热方案的基础上，把发动机热源替换为水暖 PTC，采用电能进行加热，保留传统汽车暖风芯体回路。其特点是暖风芯体表面加热温度适中，舒适性较好，但由于暖风芯体加热回路热容较大，乘员舱的温升速率相对于风暖 PTC 要慢，目前一些车型配有远程控制功能，可通过提前控制其工作，弥补这一缺陷。在布置方面，其管路改动较小，高压 PTC 可灵活布置于发动机舱，安全性高。

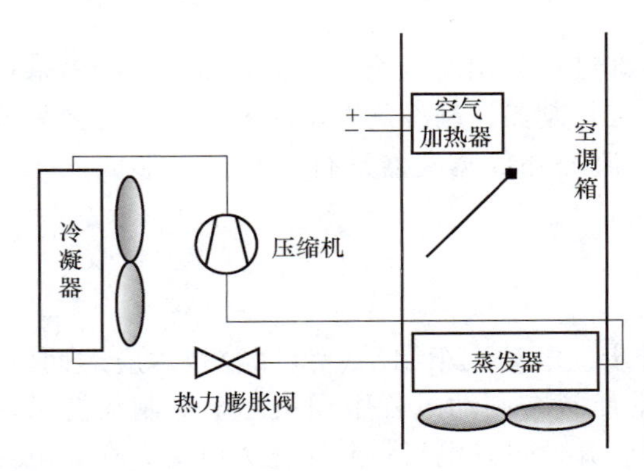

图 2-26　风暖 PTC 加热方案拓扑结构

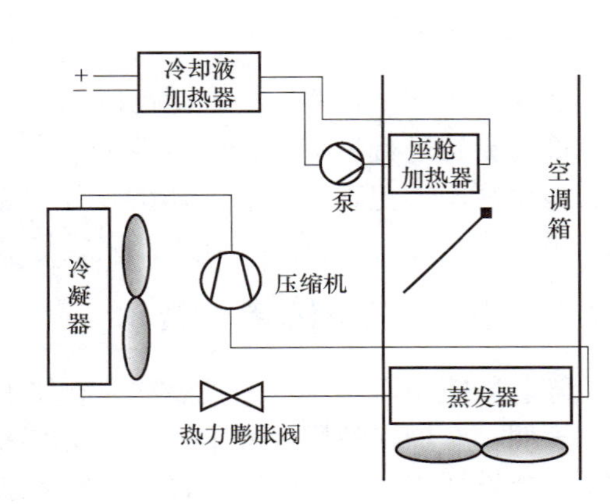

图 2-27　水暖 PTC 加热方案拓扑结构

3. 热泵加热方案

图 2-28 所示为一种典型的电动汽车热泵空调系统拓扑结构，其主要是从传统空调上进行结构调整。在乘员舱有制冷需求时，空调按照传统空调回路进行工作，空调制冷剂先后流经空调压缩机、冷凝器、膨胀阀和蒸发器进行制冷；而在空调有制热需求时，空调制冷剂回路先后流经空调压缩机进行压缩、室内冷凝器放热，然后经由电子膨胀阀进入室外冷凝器进行蒸发吸热，经旁通室内蒸发器进入空调压缩机，形成完整热泵循环。此时，室内冷凝器起到与乘员舱热交换的作用，使高压高温压缩气体经由换热相变作用，变成高压液体，然后在室外冷凝器进行蒸发吸热，把外界的热量传递至室内，因而被称作热泵空调系统。

热泵空调系统可用空调制冷和制热功能，但需在传统空调上进行结构改进，因而增加了一定的布置难度和成本。热泵系统具有效能比（Coefficient of Performance，COP）高的特点，但其工作温度范围受到制冷剂和空调系统结构的影响，通常在 −15 ℃以上可实现较好的性能，在极端寒冷条件下，其 COP 下降明显，仍需借助于高压 PTC 进行辅助。

热泵空调可用消耗较小的能量，实现较大的制热量，因而其 COP 较传统 PTC 高很多。

图 2-29 所示为热泵空调系统的理论压焓图，对于制冷和制热循环，空调系统都要经过这一相变循环过程。在每一循环过程中，空调制冷剂的状态都包含液相、气液两相和气相 3 种状态，经过不同状态之间的变化，实现热量的传递过程。

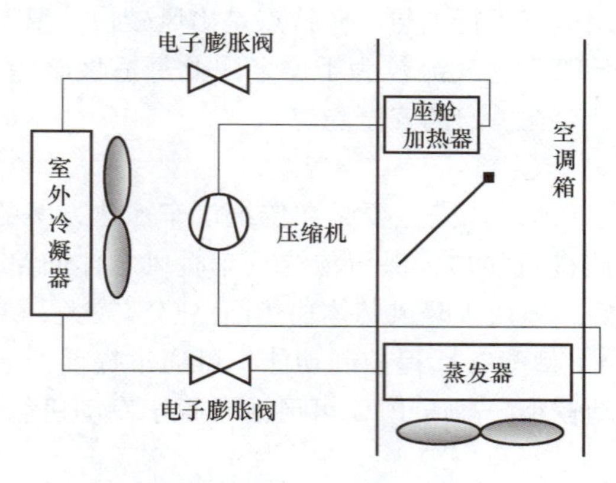

图 2-28　热泵空调系统拓扑结构

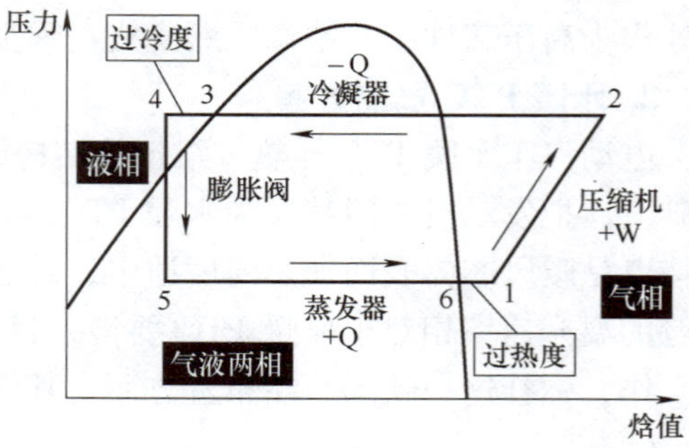

图 2-29　热泵空调系统的理论压焓图

热泵系统的工作路径，主要包括在压缩机内部进行气相的压缩，高温高压气体经由乘员舱内部冷凝器进行热交换，把热量传递给乘员舱进行制热，制冷剂发生相变，由气态变为液态，经由膨胀阀把高压液态泄压为低压气液态，流经外部蒸发器进行吸热过程形成低压气态，进一步流经压缩机进行升压，完成整个循环。

2.4.3　电动汽车制动系统技术

随着新能源汽车技术的发展和控制技术的进步，电动汽车制动能量回收技术应运而生。研究表明，车辆在使用过程中有大约 20% 的驱动能量在制动过程中损失。车辆制动能量回收系统能够回收车辆在制动时释放出的多余能量，并通过发电机将其转化为电能，在充电控制系统作用下对动力蓄电池充电，使车辆行驶过程中不断补充动力蓄电池的电量。

动力蓄电池是电动汽车的关键部件，动力蓄电池储存能量的多少，直接决定着电动汽车续驶里程的多少。制动能量回收系统，相当于增加了动力蓄电池的容量，可有效增加车辆的行驶里程。试验证明，电动汽车采用制动能量回收技术，可提高车辆动力能源 10% ~20% 的利用率，有效延长了车辆的续驶里程。

1. 制动能量回收系统结构原理

电动汽车制动系统由机械制动系统和再生制动系统两部分组成。机械制动系统和传统汽车基本相同，再生制动系统可以利用驱动电机和控制电路，实现电机的发电功能，使制动减速时的能量回馈给动力蓄电池，从而得到再生利用，制动能量回收系统如图 2-30 所示。

当踩下制动踏板后，电动泵使制动液增压产生所需的制动力，制动控制与电机控制协同工作，产生车辆的再生制动力矩和车轮上的液压制动力矩。再生制动控制系统回收再生制动能量并回馈到动力蓄电池中。机械制动机构、ABS 及控制阀的作用与传统燃油汽车相同，作用是产生最大的制动力。

再生制动系统原理是在制动时，将汽车行驶的惯性能量通过传动系统传递给驱动电机，驱动电机以发电机工作方式运行，驱动电机转子通过电磁感应转变为电能，经过逆变器的反向续流二极管回馈到直流侧，为动力蓄电池充电，实现能量的再生利用。与此同时，驱动电机电磁感应力矩又可通过传动系统对驱动轮施加反向转矩，从而对车辆产生制动。

2. 制动能量回收控制策略

制动过程中，制动能量回收系统的制动电子控制单元（ECU），通过检测传感器信号识

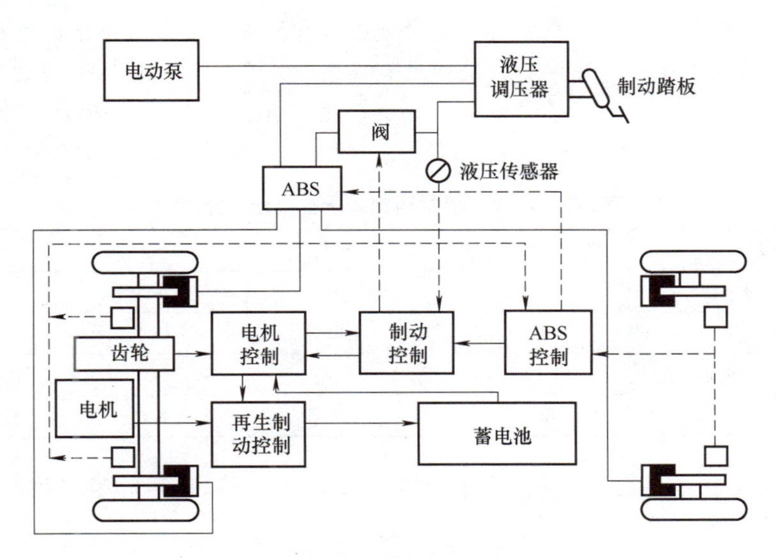

图 2-30　制动能量回收系统

别出驾驶人的制动意图及所期望的制动强度，并从整车控制器（VCU）接收车速及动力蓄电池荷电状态（SOC）等信息。再生制动控制策略会根据当前的电机工作状态、动力蓄电池状态和车辆状态计算出最佳的再生制动力和摩擦制动力，根据分配得到的摩擦制动力调节液压控制单元。将分配得到的再生制动力信息发送给驱动电机控制器（MCU）从而进行调整控制。制动力分配是制动能量回收控制策略中最为核心的技术，制动力分配直接关系到汽车制动能量回收和制动效能。因此，制动力分配既要保证电动汽车的制动效能还要尽可能多地回收制动能量。

制动系统中的能量回收功能与制动系统中 ABS 功能形成互锁，在能量回收时，ABS 制动功能不能正常工作。当制动中车速低于设定值时，ABS 自动开启工作状态，能量回收功能关闭，可确保车辆行驶安全。

新能源汽车锂离子蓄电池负极材料的认识

【实施条件】

实施要求：新能源汽车锂离子蓄电池技术性能良好，工作正常。

实施时间：按照教学计划的安排，了解新能源汽车的结构和特点。

教学要求：根据新能源汽车专业的学生数量将学生分成若干小组，每小组 10 人使用一台新能源汽车锂离子蓄电池，指导教师先讲解并现场演示，学生再动手操作。

【实施步骤】

以锂离子蓄电池负极材料为例，锂蓄电池的负极材料选择应满足下列条件：

1）锂离子在负极基体中插入氧化还原电位尽可能低，最好接近锂的电位，这样有利于提高蓄电池的能量密度。

2）锂能够尽可能多的从负极材料中可逆地嵌入和脱嵌，提高蓄电池的循环寿命。

3）锂离子嵌入和脱出过程中材料结构没有或很少发生变化，确保良好的循环性。

4）具有较好的电导率和离子扩散率，减少极化，有利于大电流充放电。不同负极材料锂离子蓄电池性能对比见表2-1。

表2-1 不同负极材料锂离子蓄电池性能对比

材　料	C	Si	Sn	钛氧化合物
密度/(g/cm³)	2.25	2.33	7.29	3.5
比容量/(mAh/g)	372	4200	994	175
体积变化率（%）	12	320	260	1
电势/V	0.05	0.4	0.6	1.6

目前对负极材料主要从纳米化、复合材料（如C-Si、C-Sn等）等方面进行研究，以求更高的能量密度、稳定性和安全性。

“汽车人”李书福：为老百姓造买得起的好车

吉利集团董事长李书福“汽车不过就是四个轮子加沙发”的言论震惊四座，因此获得了“汽车狂人”的“美名”。

在进入汽车领域之前，李书福已历经5次创业转产。由于当时长期严格管制，中国轿车生产已形成“三大三小”格局。困难并没有阻止李书福的脚步，没有“准生证”，他千方百计“借壳”造车；缺少技术，他从拆车、模仿起步，自己摸索加上四处求教；资金不足，他发扬“花小钱办大事、不花钱也办事”的艰苦奋斗作风；没有人才，他自办吉利学院培养人才。

“为老百姓造买得起的好车”

吉利集团首款轿车“吉利豪情”一面世，就以5.8万元超低价格在市场上掀起了一场“血雨腥风”。吉利集团以这种低价入市的打法现身江湖，借着中国私车市场“井喷”的大势，在中国汽车行业找到了很好的突破口，为企业迅速做大赢得了先机。2006年底，吉利汽车年销量已突破20万辆，同比增长40%以上，跃升轿车行业第7名。

然而，价格战也是一把“双刃剑”。经过几年高歌猛进，吉利集团开始后劲乏力。与此同时，由于批次产品质量问题和一些零部件的小毛病，一些用户反响不好，经销商也有些抱怨。

经过反思，李书福坚定了转型的决心，一直以来凭价格优势取胜的吉利汽车，开始向“技术先进、品质可靠、服务满意、全面领先”转型。

通过转型，吉利集团获得了2000多项专利，其中发明专利300多项，世界性的发明专利几十项。2010年1月份，“吉利战略转型的技术体系创新工程建设”获得国家科技进步大奖，成为获得该类奖项的唯一汽车企业。也正是这次转型，为吉利集团后来收购沃尔沃汽车打下了坚实的基础。

收购沃尔沃汽车

2010年3月28日，吉利集团收购沃尔沃汽车，这是当时中国汽车企业最大的海外并购，被人形象地喻为“农村小伙娶外国公主”。

吉利集团收购沃尔沃汽车，是中国汽车产业跨越式发展的代表。路透社评论说，“这反映出中国汽车在国际汽车舞台上正在快速崛起”。几年来，沃尔沃汽车和吉利汽车互相支持、资源互补，在集团内部形成了良好的全球协同效应，不仅加速了沃尔沃汽车的复兴，而且推动了吉利汽车的销量和品牌“向上”。双方共同打造的领克汽车不仅迅速得到中国市场的认可，未来还将进入欧洲市场。这意味着，中国汽车将开始真正融入全球价值链，迈向中高端。

唯有创新，才能从汽车大国迈向汽车强国

吉利集团已战略投资了新能源汽车共享出行服务平台曹操专车，它也是中国首家进军共享汽车市场的汽车制造商。

虽然中国汽车年销量早已跃居全球第一，但乘用车市场56%仍是外国汽车品牌，更让人担忧的是，中国汽车40%以上都是中低端品牌，价格便宜，利润很低。

李书福坚定地认为，中国汽车企业唯有通过创新驱动，向价值链中高端攀升，才能形成全产业链竞争力，推动中国从汽车大国迈向汽车强国，这个过程，不仅会对中国制造业产生全局性影响，也会对全球汽车工业贡献力量，赢得同行与用户的尊重。

摘自“中国汽车网”

小结

本模块通过介绍电动汽车的动力蓄电池、超级电容器及其管理技术，使读者熟悉驱动电机及其控制技术，掌握电动汽车整车控制系统及整车辅助系统技术的发展现状，提高读者对电动汽车核心技术的学习兴趣，使读者初步了解电动汽车核心技术的发展趋势。

习题及思考题

【填空题】

1. 燃料电池实质上是一种________装置，它不能储存电量，而是在工作中直接生产电能。它的正极为________电极，负极为燃料电极。燃料电池的种类主要有碱性________电池、质子交换膜燃料电池、磷酸型燃料电池、熔融碳酸盐型燃料电池和________氧化型燃料电池等。

2. 电动汽车控制系统由________总成系统、电动汽车起动控制系统、高压________控制系统、电机功率控制系统、ECO（环保-Ecology，节能-Conservation，动力-Optimization）模式系统、锂蓄电池充电控制系统、高压系统冷却________系统、空调控制系统、电力________控制系统和电源切断控制系统等子系统组成。

【问答题】

1. 简述动力蓄电池管理技术。
2. 简述开关磁阻电机是如何工作的。
3. 电动汽车制动能量回收原理是什么？
4. 电动汽车空调系统的工作原理是什么？

模块三 纯电动汽车

【教学目标】

通过对本模块的学习，读者将了解纯电动汽车的电驱动系统与布置形式，熟悉纯电动汽车的组成和工作原理，掌握电动汽车电机控制器、电动汽车整车控制器结构和工作原理、电动汽车高压系统结构和工作原理。

【教学要求】

知识目标：

1. 了解纯电动汽车的电驱动系统与布置形式。
2. 掌握纯电动汽车的组成和工作原理。
3. 掌握电动汽车电机控制器、电动汽车整车控制器结构和工作原理。
4. 掌握电动汽车高压系统结构和工作原理。

技能目标：

新能源汽车有源绝缘电阻检测模块的检测。

【引言】

随着能源问题和环境问题日益突出，汽车产业升级势在必行，采用新能源汽车是未来汽车产业发展的重要方向。

纯电动汽车以动力蓄电池作为汽车动力来源，提供电能给驱动电机驱动车辆行驶。纯电动汽车没有传统发动机，驱动电机是唯一的驱动动力，而动力蓄电池是唯一的动力源。

再生制动系统功能除了对车辆产生制动作用外还具有能量回收的功能（包括车辆惯性滑行的富余动能）。再生制动系统利用驱动电机的控制技术能实现驱动电机的发电运行，使减速制动时的能量回馈给动力蓄电池，从而得到再生利用。

通过对本模块的学习，读者可以较全面地了解纯电动汽车的电驱动系统与布置形式，掌握纯电动汽车的组成和工作原理，掌握电动汽车电机控制器、电动汽车整车控制器结构和工作原理、电动汽车高压系统结构和工作原理。

3.1　纯电动汽车的组成和工作原理

纯电动汽车（Battery Electric Vehicle，BEV）是完全由可充电的电池（三元锂离子蓄电池或磷酸铁锂蓄电池）提供动力源，以电机作为驱动系统的新能源汽车。由于使用电能，纯电动汽车在行驶过程中没有废气排出，不污染环境，可实现零排放。

在城市道路上行驶时，纯电动汽车的能源效率比传统内燃机汽车高。在减速制动时，纯电动汽车的电机运行于发电状态，可实现能量回收再利用。纯电动汽车使用单一的电能源，因此结构简单。纯电动汽车无内燃机产生的噪声，电机噪声也比较小，因此整体噪声低。

3.1.1　纯电动汽车的组成

纯电动汽车的全部组成结构可以划分为电机驱动模块、车载电源模块和辅助模块。其中，电机驱动模块包括驱动电机、驱动控制器和机械传动系统；车载电源模块包括动力蓄电池系统、能量管理系统和充电控制器；辅助模块中包括驾驶室显示操作台、动力转向单元、辅助动力源和辅助装置。整车控制器作为连接和控制各个系统的核心部件，负责采集和接收汽车各个子系统的传感器信号并向下级系统发送指令，控制驱动电动汽车正常行驶。纯电动汽车结构原理图如图 3-1 所示。

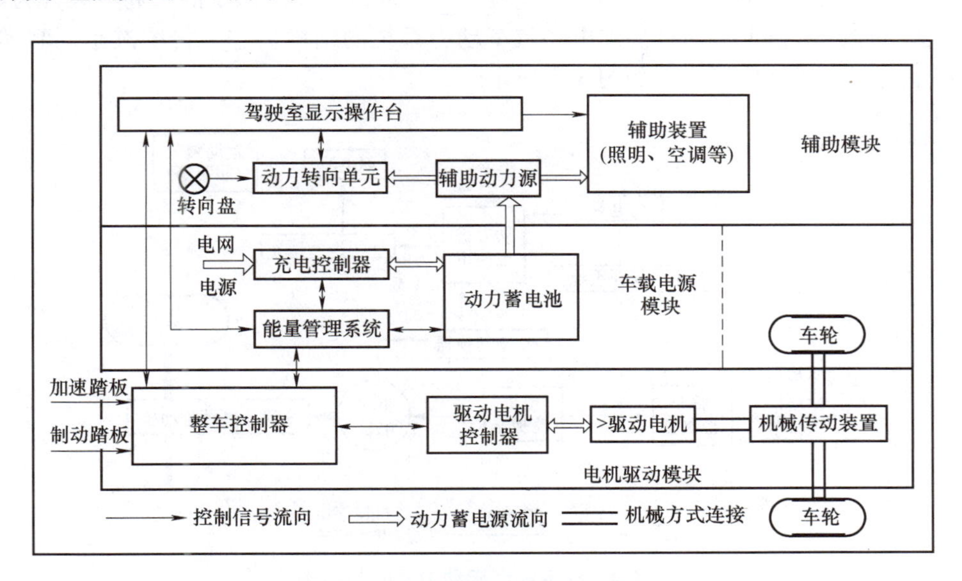

图 3-1　纯电动汽车结构原理图

3.1.2　纯电动汽车的工作原理

中央控制单元根据加速踏板和制动踏板的输入信号，向驱动控制器发出相应的控制指令，对电机实行起动、加速、减速、制动控制。

驱动控制器按照中央控制单元的指令和电机的速度及电流反馈信号，对电机的速度、转矩和旋转方向进行控制。电机具有双重功能，在正常行驶时，动力蓄电池向电机供电，电机将电能转化为机械能；在减速和制动时，电机运行于发电状态，将车轮的惯性动能转化为电能，对动力蓄电池进行充电。

机械传动装置将电机的转矩传输给汽车的驱动轴、驱动轮带动汽车行驶。

3.2 纯电动汽车的电驱动系统与布置形式

纯电动汽车改变了传统汽车机械传动系统的布置，取消了发动机、燃油箱和离合器等部件，增加了电机、电机控制器、动力蓄电池以及蓄电池管理系统。动力蓄电池取代燃油箱，为车辆提供能量，是纯电动汽车唯一的能量来源。电机取代发动机，同时作为驱动电机和发电机一体使用。车辆在道路上行驶时，动力蓄电池给电机源源不断地供应能量，电机给车辆提供动力来驱动车辆行驶。车辆制动或者下坡时，电机作为发电机使用，把多余的机械能通过拖动电机反转转化为电能，实现能量回收。

3.2.1 纯电动汽车的电驱动系统与布置形式

1. 纯电动汽车的电驱动系统

相比于传统汽车和混合动力电动汽车，纯电动汽车能量来源比较单一，没有发动机为车轮提供动力或者拖动电机给动力蓄电池充电，所以必须采取合理的动力系统布置，减少能量传递的损耗，才能进一步提高车辆的续驶里程。纯电动汽车动力系统的布局一般分为电机中央驱动形式和轮毂电机形式两种。纯电动汽车动力系统的结构借鉴了传统汽车的驱动方案，采用电机中央驱动的结构形式，如图 3-2 所示。

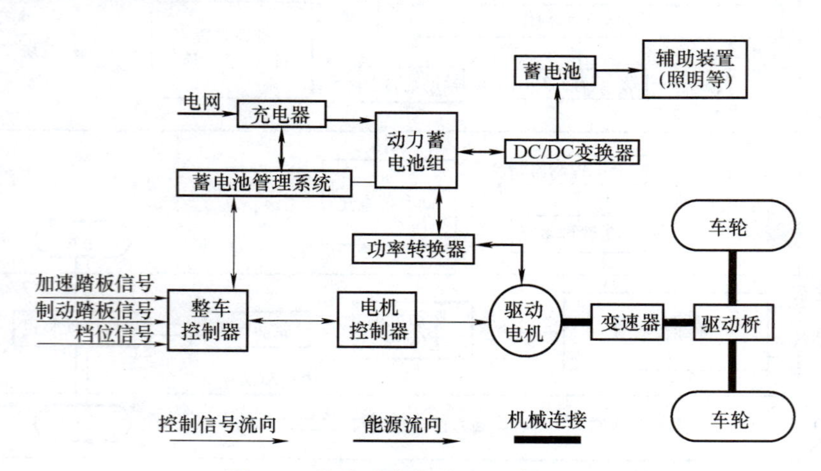

图 3-2 纯电动汽车动力系统的结构

纯电动汽车动力系统主要由电机及其控制系统、动力蓄电池及其管理系统和辅助子系统等三部分组成。动力蓄电池及其管理系统由动力蓄电池、动力蓄电池管理系统（BMS）、充电部件组成，其中动力蓄电池管理系统是实现动力蓄电池状态监控及安全保护的关键部件；

电机及其控制系统是由电机、电机控制器（MCU）组成，其中的电机控制器响应整车控制器的指令，控制电机输出转矩和转速按驾驶人需求驱动车辆运行，或者控制电机将车辆在制动或下坡时多余的机械能转化为电能，实现能量回收。辅助系统包括多媒体系统、高压空调、电动仪表、照明装置、辅助动力源等。驾驶人可以借助辅助系统的这些器件确保车辆可以应付一般的恶劣天气和复杂的行驶工况。

2. 纯电动汽车布置形式

随着时下电机驱动与控制技术的快速发展，纯电动汽车在驱动系统的布置上有了更多的可行性选择，根据不同的结构要求与性能特点，车辆可以采用不同的驱动方式。按照电动汽车电机驱动模块中电机与机械传动装置的连接与空间布置的差异，将驱动结构大致分为以下几种：

（1）集中式驱动结构

1）单电机直驱结构，如图 3-3 所示。

该种驱动结构在传统汽车的基础上进行改造，可以取消离合器装置，延用变速器和减速器的形式。其主要特点有易于改装、驱动轴力矩分布平衡、有非常高的可行性。图 3-3a 中配置有离合器，驱动电机和驱动轴间传动装置的连接和切断由离合器来控制，变速器中装置有不同速比的变速齿轮，驾驶人通过采用不同的变速比，来控制输出到车轮的力矩大小。图 3-3b 中省去了离合器装置，采用固定速比的变速器，从而减小了动力传动系统机械装置的质量，使纯电动汽车更加轻量化，也为汽车底盘腾出了较大的可用空间。

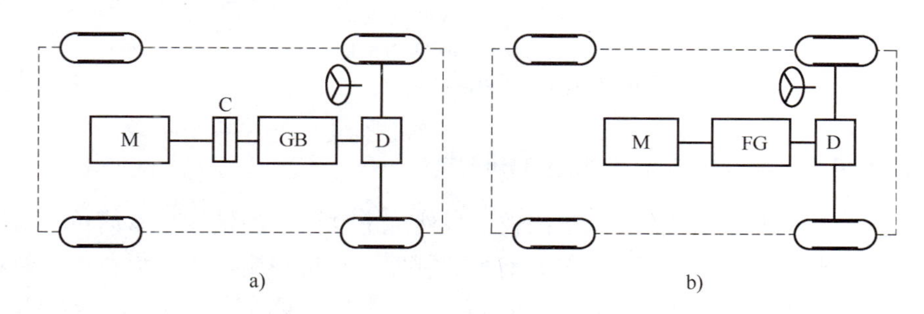

图 3-3　单电机驱动结构

M—驱动电机　C—离合器　GB—变速器　D—差速器　FG—固定速比减速器

2）电机-驱动桥驱动结构，如图 3-4 所示。

此种驱动结构由传统燃油汽车发动机前置前驱的驱动结构演变而来，将驱动电机、固定速比变速器和差速器集成在一起，通过两个半轴来驱动车轮，具有所占空间小、排布灵活、装配简易等特点。图 3-4b 的结构中采用双电机独立驱动，两个驱动电机可以实现独立分开调速，故相比图 3-4a 省去机械差速器装置。

（2）分布式驱动结构　可分轮边电机驱动结构和轮毂电机驱动结构，如图 3-5 所示。

该种结构是将驱动电机直接安装在汽车驱动轮上，驱动电机到驱动轮的空间距离进一步缩短，可有效提高动力系统传动效率，由控制器控制车轮间的同步或差速转动。图 3-5a 所示为配置了固定速比的行星齿轮变速器的轮边电机驱动；图 3-5b 所示为轮毂电机驱动结构，完全省去了机械减速变速器，驱动电机外转子直接安装在车轮的轮缘上，所占体积空间更小，响应更加灵敏，但对驱动电机要求较高，电机控制也更为复杂。

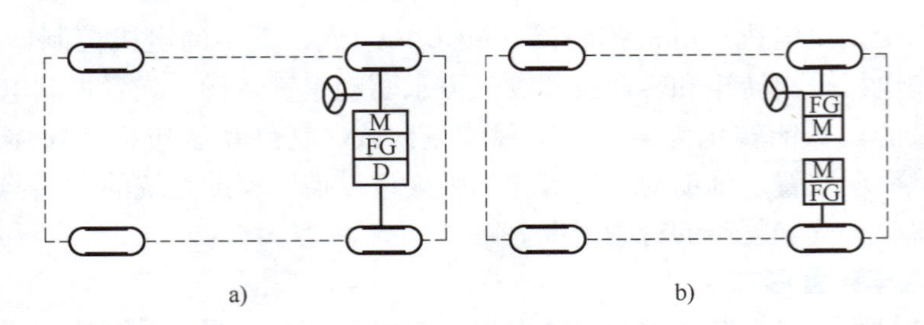

图 3-4 电机-驱动桥驱动结构

a）单电机 + 变速器结构 b）多电机 + 动力耦合结构

M—驱动电机 D—差速器 FG—固定速比减速器

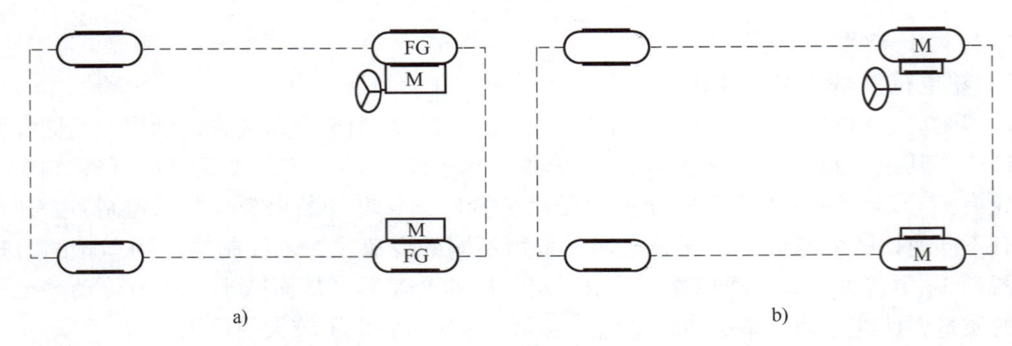

图 3-5 分布式驱动结构

a）轮边电机驱动结构 b）轮毂电机驱动结构

M—驱动电机 FG—固定速比减速器

3.2.2 纯电动汽车电驱动系统的工作原理

与以往主要靠机械传动的传统汽车比较，虽然纯电动汽车的结构稍微简单，但其控制系统更加复杂。纯电动汽车的正常工作需要整车控制器、电机控制器、动力蓄电池管理系统以及组合仪表，它们通过 CAN 总线相互传递信息，经过算法逻辑计算后，结合路况信息和整车信息，控制车辆按照驾驶人的驾驶需求行驶。动力蓄电池通过功率变换器与电机连接，给电机提供能量，进而驱动车辆。电机、变速器、驱动桥以及车轮通过机械连接，实现动力的传送。纯电动汽车保留了传统汽车的加速踏板和制动踏板，但区别于传统汽车通过踏板信号控制节气门的开度，纯电动汽车把通过传感器采集到的电信号输入给整车控制器，经过整车控制器处理后，通过 CAN 总线传递给电机控制器。电机控制器控制电机转矩的输出，并通过传动轴将转矩传输给车轮，从而驱动汽车行驶。同时整车控制器根据各系统的故障信号判断故障程度，把整车分为警告模式、跛行回家模式以及停电机模式，如整车控制器根据温度传感器回馈的信号，确定电机冷却液循环出现故障时，对整车的运行进行限速处理，进入跛行回家模式。

3.3 电动汽车电机控制器

驱动电机及其控制系统能根据驾驶需要，将动力蓄电池储存的电能转变成驱动电机工作的动能，使电机工作，以驱动车辆的行驶；在车辆减速或者制动时将制动效能通过电动机转换为电能回收到动力蓄电池中，以延长动力蓄电池的续驶能力。

通常电动汽车的高压电控总成主要由电机控制器、高压配电箱、DC/DC 变换器、车载充电机和漏电传感器等组成。而驱动电机及其控制系统主要由电机控制器、高压配电器、驱动电机、传感器及相关电路等部件组成，驱动电机及其控制系统框图如图 3-6 所示。

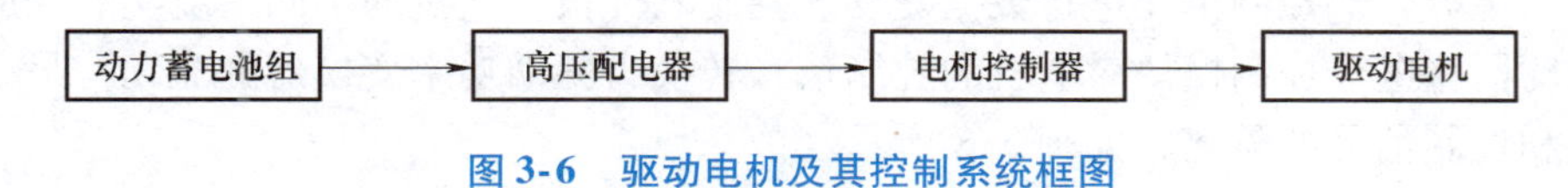

图 3-6　驱动电机及其控制系统框图

3.3.1　电动汽车电机控制器结构

1. 电机控制器结构

电机控制器（Motor Control Unit，MCU）也称为电机控制单元，是整个电动汽车的核心部件之一，作为动力系统的总控中心，对车辆的动力性能起到决定性的因素，它从整车控制器获得车辆如起步、加速、减速或制动等工况信息，通过动力蓄电池管理系统（BMS）发送的动力蓄电池放电参数，从动力蓄电池获得高压直流电，经过自身逆变器的调制，把动力蓄电池输出的高压直流电转换为电压、频率可调的三相交流电，提供给三相交流电机输出相应的转速和转矩，并能改变驱动电机的旋转方向，使车辆按照驾驶人的意愿前进或者倒向行驶。MCU 还具有电机系统故障诊断保护和存储功能。

电机控制器（MCU）主要由逆变器和控制模块两部分组成，电机控制器原理图如图 3-7 所示。

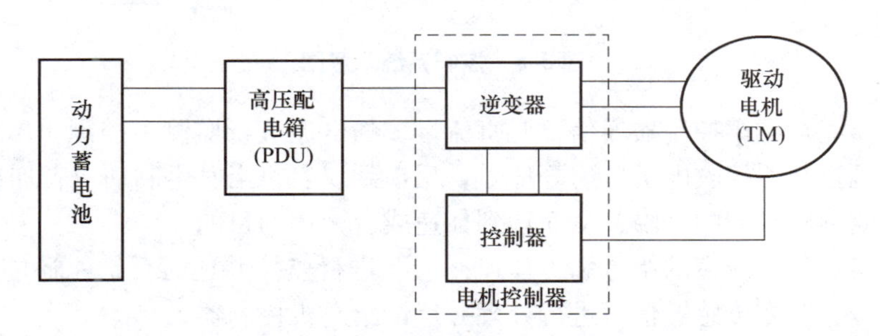

图 3-7　电机控制器原理图

2. 逆变器

逆变器的核心器件是 IGBT 驱动模块，主要应用在逆变器的 DC/AC 变换电路中，相当于一个高速无触点电子开关，其作用是将动力蓄电池的直流电流转换成驱动电机转动的交流电流；另外也将电机回收的交流电流转换成可供动力蓄电池充电的直流电流。IGBT 驱动模块是由双极结型晶体管（BJT）和绝缘栅型场效应管（MOS）组成的复合全控型的电压驱动式功率半导体器件，具有自关断的特征。IGBT 驱动模块工作在饱和和截止两种状态下，在饱和状态下，能使电路导通，在截止状态下，能使电路断开。IGBT 驱动模块兼有 MOSFET 和 GTR 的饱和压降低，载流密度大，驱动功率很小，开关速度快等优点。

3.3.2 电动汽车电机控制器的工作原理

电机控制器由电子控制模块和驱动器两部分组成。电子控制模块包括电子模块和控制软件。电子控制模块主要包括微处理器及其相关检测电路，它对电机的电流、电压、转速和温度等状态进行监测，对各种硬件进行保护，通过 CAN 通信网络实现和整车控制器、动力蓄电池管理系统等外部控制单元进行数据交互。控制软件根据电机的不同工况实现相应的控制算法。驱动器将电子控制模块对电机的控制信号转换为驱动功率变换器的驱动信号，并实现功率信号和控制信号的隔离，如图 3-8 所示。

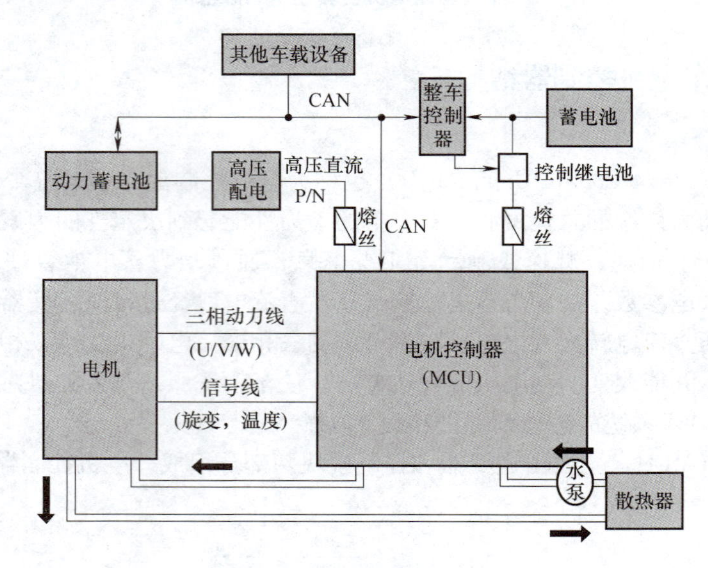

图 3-8 控制系统示意图

电机控制器能与整车控制器通信，对直流母线的电流进行监测，控制 IGBT 驱动模块的工作状态；电机控制器接收电机转速等信号，反馈到仪表，当发生制动或者加速行为时，电机控制器控制变频器频率的升降，从而达到加速或者减速的目的。

电机控制器对高压线束的绝缘和工作连接情况进行监控并适时反馈；还能对 IGBT 驱动模块的温度信号、旋变传感器信号进行处理并反馈给电机控制器。

3.4 电动汽车整车控制器

整车控制器（VCU）是纯电动汽车控制系统的核心，负责对车辆整体运行状况进行控制、协调和监控。其主要功能包括车辆运行控制、能量管理、车辆运行状态显示、整车网络管理、故障诊断和处理等。整车控制系统是一个基于 CAN 总线通信网络的复杂分布式控制系统。整车控制器接收传感器信号和驾驶人的操作信号，按照设定的控制策略，向驱动电机控制模块、动力蓄电池管理系统、车身控制模块等控制单元发送控制命令，并通过液晶显示单元进行车辆状态显示。对制动能量进行回收利用是整车控制器的一项重要功能。

整车控制器是整车控制系统的核心，是对整车安全运行进行管理的中枢部分。整车控制器的硬件结构组成如图 3-9 所示。整车控制器接收传感器传送的数据和驾驶人操作指令，按照控制策略进行处理后发送控制指令到电机控制器、动力蓄电池管理系统、车内服务设施等控制单元，并对车辆运行状态进行实时监控；在电动汽车制动过程中进行制动能量回馈控制，提高纯电动汽车的续驶里程。整车控制器直接或者通过 CAN 总线和其他电控单元进行数据和控制指令的传递。以整车控制器为中心节点的整车通信网络使数据的传递更为迅速、可靠。

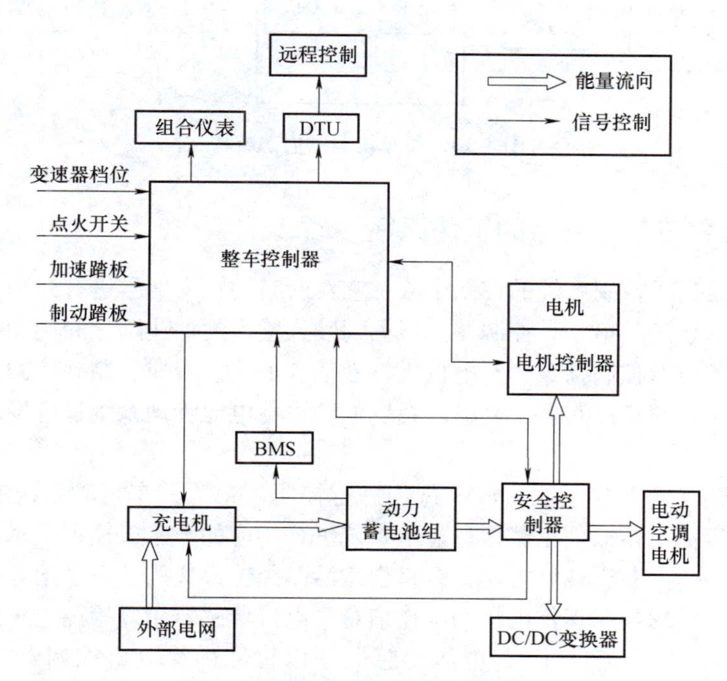

图 3-9　整车控制器的硬件结构组成

3.4.1　电动汽车整车控制器结构

整车驱动控制是整车控制器（VCU）控制功能的关键一项，驱动控制策略也是衡量电动汽车能量管理策略优劣的一个重要指标。驱动控制策略的目的是根据整车系统部件（如动力蓄电池和驱动电机）的实时状态，结合驾驶人的操作指令，分析判断驾驶人驾驶意图，计算出行驶需求转矩并传递到电机驱动系统，驱动车辆正常行驶。基于此目的，对整车驱动控制策略的要求也就显而易见：准确地识别出驾驶人的驾驶意图、合理地分配电机输出转矩，提高动力蓄电池放电效率、有效延长车辆续驶里程，在保证动力性的同时尽可能提高电动汽车整车经济性。

整车控制器通常由中央处理器、低端驱动模块、开关量采集模块、模拟量采集模块以及 CAN 网络等组成。驾驶人通过传感器等输入变量向中央处理器发出操作指令，中央处理器通过接收到的数字信号和模拟信号分析驾驶人意图，并结合整车各部件当前状态信息，通过低端驱动模块向执行机构发出控制指令，或者通过 CAN 网络向各个部件控制器发送控制指令，使车辆按驾驶人期望行驶。整车控制器内部架构如图 3-10 所示。

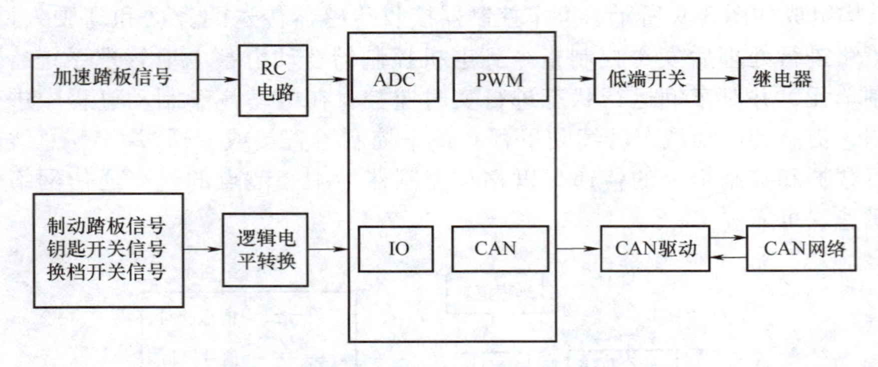

图 3-10 整车控制器内部架构

3.4.2 电动汽车整车控制器的工作原理

整车控制器是电机控制系统的控制中心。它对所有的输入信号进行处理，并将电机控制系统运行状态的信息发送给整车控制器，根据驾驶人输入的加速踏板和制动踏板的信号，向电机控制器发出相应的控制指令，对电机进行起动、加速、减速、制动控制。在纯电动汽车减速和下坡滑行时，整车控制器配合电源系统的动力蓄电池管理系统进行发电反馈，使动力蓄电池反向充电。

整车控制器还对动力蓄电池充放电过程进行控制，将与汽车行驶状况有关的速度、功率、电压、电流等信息传输到车载信息显示系统进行相应的数字或模拟显示。电机控制器内含功能诊断电路。当诊断出现异常时，它将会激活一个错误代码，发送给整车控制器。电机控制系统使用相关传感器来提供电机的工作信息。电流传感器用以检测电机工作的实际电流（包括母线电流、三相交流电流）；电压传感器用以检测供给电机控制器工作的实际电压（包括低压蓄电池电压、动力蓄电池电压）；温度传感器用以检测电机控制系统的工作温度（包括模块温度、电机控制器温度）。

根据整车工况转换和驾驶人不同的驾驶需求，纯电动汽车可分为五种不同模式的运行工况，即起动模式、起步模式、巡航模式、制动能量回收模式和跛行回家模式。

1. 起动模式

当钥匙插入时，首先进入整车控制器、电机控制器和动力蓄电池管理系统的低压上电检测。若没有故障，则满足上电条件，允许低压上电。这时候电机、动力蓄电池允许上高压电，车辆允许起动。上电结束后，仪表板上的“Ready”灯开启。

2. 起步模式

在水平路上起步时，驾驶人先放下驻车制动手柄，踩住制动踏板，当档位处于 D 位且松开制动踏板时，车辆允许进入起步模式，在驾驶人踩下加速踏板后电机驱动车辆起步。汽车在坡道上起步时，为了防止车辆坡道起步后溜，当制动踏板松开到一定程度时，整车控制器会接收车辆状态、车速等信息，经过处理后，发送指令给电机控制器控制电机给汽车提供一定的驻坡转矩，使得车辆稳定地在坡上起步。

3. 巡航模式

巡航模式是指驾驶人给车辆一个期望速度，车辆能够在不踩加速踏板的情况下按照这个速度定速行驶，提高了行车舒适性和经济性。在定速续驶模式下，如果驾驶途中需要加速或者减速，驾驶人只需踩下加速踏板或制动踏板，巡航模式就会自动退出。

4. 制动能量回收模式

车辆的制动能量回收模式是指车辆在制动或者下坡时，电机把机械能转化为电能，实现能量的回收，从而提高能量的利用率，使得纯电动汽车更加节能。

5. 跛行回家模式

跛行回家模式是指车辆在出现故障报错时，为了保证车辆的安全性，控制策略会发送限制转矩处理命令，即无论加速踏板的开度有多大，目标转矩也不会超过期望转矩值，这样能够保证车辆在故障发生时不用紧急停车，能以安全速度开到附近的汽车维修站进行维修。

整车控制器实现的主要功能有：

1）控制纯电动汽车行驶，协调电动汽车各个分系统正常工作。这是整车控制器最基本的功能。整车控制器能根据驾驶人的驾驶意图和车辆实时状态按照设定的控制程序向相关电控单元发送控制信号。例如，当驾驶人踩下加速踏板时，整车控制器向电机控制器发送电机输出转矩信号，电机控制系统控制电机按照驾驶人的意图输出转矩。

2）控制液晶显示单元显示车辆运行状态。实时监测车辆的状态可以使驾驶人准确了解车辆行驶状态。整车控制器直接或者通过 CAN 总线通信获得车速、动力蓄电池剩余电量、电机转速、电流等车辆运行数据，将这些数据通过液晶显示单元进行显示时，便于驾驶人准确掌握车辆整体运行状况并完成相应操作。

3）对整车通信网络进行管理。纯电动汽车整车通信网络是基于 CAN 总线技术的通信网络，具有多个主从节点，整车控制器作为车载网络的主节点，负责对网络状态的监管和对信息优先权的动态分配，对车载网络的正常运行具有重要意义。

4）制动能量回馈控制。纯电动汽车的电机可以工作在再生制动状态，对制动能量进行回收利用是纯电动汽车和传统能源汽车的重要区别。整车控制器根据行驶速度、驾驶人制动意图和动力蓄电池组状态进行综合判断后，对制动能量回馈进行控制。如果达到回收制动能量的条件，整车控制器将向电机控制单元发送控制指令，使电机工作在发电状态，将部分制动能量储存在动力蓄电池组中，提高车辆能量利用效率。

5）故障检测与诊断。整车控制器对整车运行状态进行实时监控，发生故障时及时报警、采取安全措施并发送错误代码，确保车辆安全行驶。

6）进行整车能量优化。纯电动汽车有很多用电设备，包括电机和空调设备等。整车控制器可以对能量进行合理优化来提高纯电动汽车的续驶里程。例如，当动力蓄电池组电量较低时，整车控制器发送控制指令关闭部分起辅助作用的电气设备，将电能优先保证车辆的安全行驶。

7）对纯电动汽车具有保护功能，按照出现故障的类别对整车进行保护，紧急情况下可以采取必要措施进行安全保护，以防止极端情况的发生。

为了保证整车控制器实现整车控制系统定义的各项功能，确保电动汽车在各种恶劣行驶条件下能够正常工作，整车控制器必须能够快速、准确采集信息并进行分析计算，在整车控制器研发过程中必须满足一定的技术指标，其主要包括：能够按照整车控制策略，向控制单元发送指令，确保车辆安全行驶；能够准确迅速处理相关数据，且存储能力强，易于扩展；电磁兼容性好，抗干扰能力强，能够适应恶劣的行驶环境等。

3.4.3 电动汽车整车驱动控制策略

整车控制器作为纯电动汽车控制的中枢单元，采集汽车各部件信号及状态信息，接收驾驶人操作信息，根据整车控制策略做出相应的指令。纯电动汽车的驱动控制策略常见的分为起步模式、标准模式、经济模式和动力模式。

1. 起步模式控制策略

纯电动汽车的起步状态是指汽车从起动通电开始，加速踏板输入为零，车辆从静止加速行驶达到某一较低车速的过程。电动汽车起步模式的核心所在是限制电机的输出转矩，由此首先要了解驱动电机的工作特性。结合图 3-11 理想状态下电机工作特性曲线图分析，可将电机的工作区间分为恒转矩输出区间和恒功率输出区间，区间分隔点的电机转速称为基速。当转速小于基速时，电机工作在恒转矩区，此时输出的转矩恒定，输出功率随着转速的升高而增大；当电机转速大于基速时，电机工作在恒功率区，此时电机输出的功率恒定，输出转矩随着转速升高而减小。

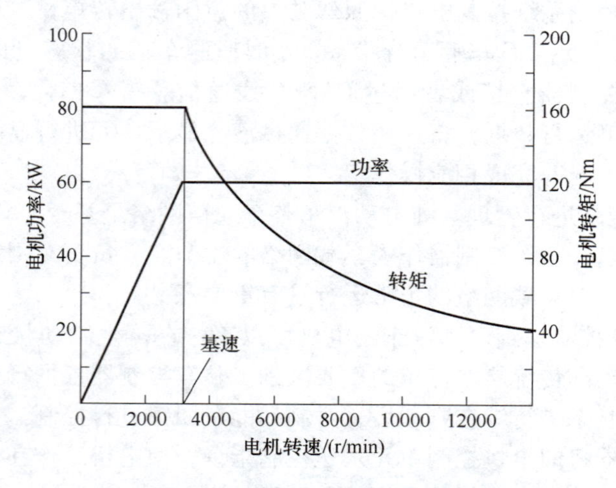

图 3-11 电机工作特性曲线图

汽车在刚起步时，工作在起步模式，实时车速低，电机转速慢，小于电机工作特性曲线中的基速值，依据电机的工作特性，此时为恒转矩输出且输出转矩最大，给电动汽车带来良好的起步加速响应，这也是纯电动汽车的一大优势。但转矩输出的过大余量会造成能量浪费，也可能由于驾驶人的无意识操作使整车产生过大的加速度而带来安全隐患。由此，为能保证汽车发动起步时能够平稳有力且尽可能降低事故发生率，纯电动汽车起步模式需要在车辆起步时将电机的输出转矩限制在某一值之下。

2. 标准模式控制策略

纯电动汽车的驱动电机在驱动状态下工作时，每个转速都对应一个相应的最大输出转矩，但是结合车辆整体的实际运行情况，当电机工作在某一确定转速时，电机转矩不一定能够实现最大输出值，这与很多因素有关。比如在电动汽车行驶过程中，随着车载电能的消耗，动力蓄电池的 SOC 不断下降，会使驱动电机的端电压也跟着减小，从而影响输出转矩小于理想状态下的最大转矩。此外，在起步模式控制策略中，为避免起步时电机转矩过大而造成损失，对电机进行限制转矩输出控制时，转矩也达不到最大值。

在标准驱动控制策略中，电机转矩负荷系数与加速踏板深度呈线性对应关系，如图 3-12 所示。其中令电机转矩负荷系数 L 与加速踏板深度 S 相等，这样电机转矩计算简单方便，还能够反映加速踏板的实时位置，对整车控制器软硬件要求相对较低，可以有效降低纯电动汽车开发成本。

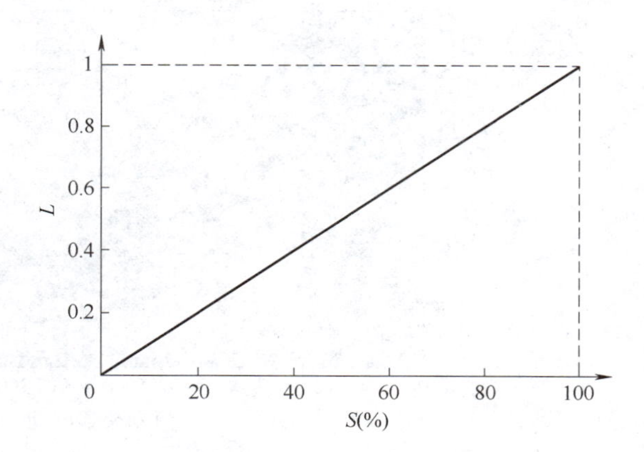

图 3-12　标准模式下 L 与 S 对应关系

从整车性能方面考虑，标准模式驱动控制策略是一种较为中庸的选择，能够兼顾到动力性和经济性，但在驾驶人对整车动力性或者经济性某一方面有较大需求时，该模式无法对需要的侧重点有突出表现，相比下面要介绍的经济模式控制策略和动力模式控制策略，标准模式控制策略是相对折中的选择，其最大的优点是整车控制器对电机输出转矩控制简单、响应快速。

3. 经济模式控制策略

纯电动汽车在适合的工况及运行条件下，选择经济模式驱动控制策略，可以提高电动汽车能量利用率，有效延长车辆续驶里程，从而改善整车经济性能。纯电动汽车发展至今，续驶里程的长短是人们最关注也最担心的问题，切实可行地延长车辆续驶里程是开发经济模式控制策略的核心所在，而电动汽车动力蓄电池的放电能量效率对续驶里程有着直接影响。

一种目前所普遍认为有效且实用的方法，是通过下调驱动电机的输出转矩，降低对动力蓄电池放电功率的需求，使动力蓄电池尽量工作在高效放电区，放电效率得到优化提高，储备同样电能的电动汽车便可以使续驶里程得到延长。但是，依此法提升整车经济性是在牺牲部分动力性的基础上实现的，过分下调加速踏板转矩负荷系数 L 对动力性有直接影响，使电机转矩响应变慢，动力性能缺失，在车辆起步和加速需求大的时候表现尤为明显，给驾驶人带来不良的驾驶感觉，所以要兼顾并平衡整车动力性与经济性的取舍。

另一方面，为提高整车能量利用率，可以采用调节动力系统工作点的方法，使其尽可能工作于高效区间。驱动电机作为影响纯电动汽车性能的另一关键系统，其工作效率也直接决定了整车经济性能，而电机系统效率的高低与其动态工作点有关，图 3-13 所示为某电机效率 MAP。以配置单速比变速器的纯电动汽车为研究对象时，不具备如多档速比对电机工作点有较为宽泛调节的特点，但在对电机工作点进行微调使其避开低效区间时，也能对系统效率起到优化的作用。

基于上述两点，经济模式下 L 与 S 对应关系如图 3-14 所示。从图 3-14 中可以看出，经济模式控制曲线位于标准模式控制曲线下方，在加速踏板深度较小时，转矩负荷系数 L 变化也较为缓慢，在加速踏板大开度区间电机转矩负荷系数 L 变化相对较快。在加速踏板全行程内，经济模式的电机转矩负荷系数均小于标准模式，由此可以大大提高整车经济性能，同时，经济模式控制曲线偏软，也使纯电动汽车的操控性得到很好的保证，但降低驱动电机的

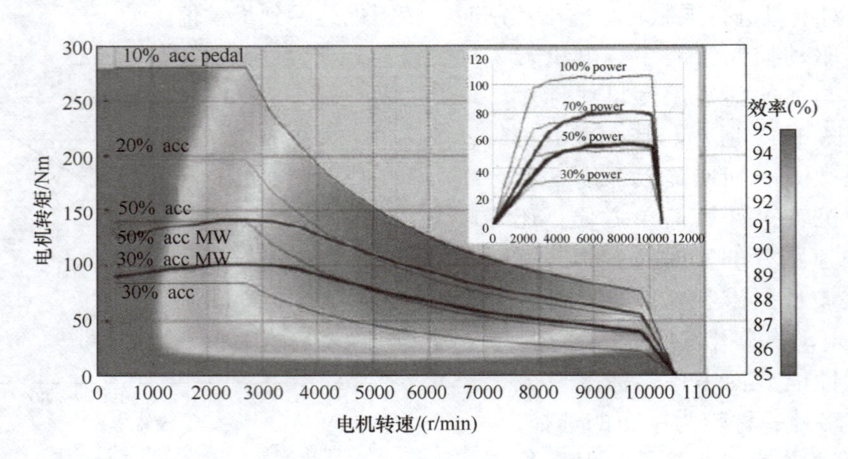

图 3-13　某电机效率 MAP

输出转矩使得该模式下动力性能有所折损。

4. 动力模式控制策略

动力模式，顾名思义是着重提升整车的动力性能。在汽车有较大的加速度需求时，要求驱动电机尽量快地做出输出响应，提供足够的输出力矩。结合经济模式的分析，欲提供转矩灵敏度和驱动电机输出转矩，最直接的方法就是在相同加速踏板深度 S 下，增加电机转矩负荷系数 L 的值，动力模式下 L 与 S 对应关系如图 3-15 所示。相较于标准模式和经济模式，在动力模式控制策略下，驾驶人在踩踏加速踏板到同样位置时，能够获得更快的加速响应及更大的输出转矩。

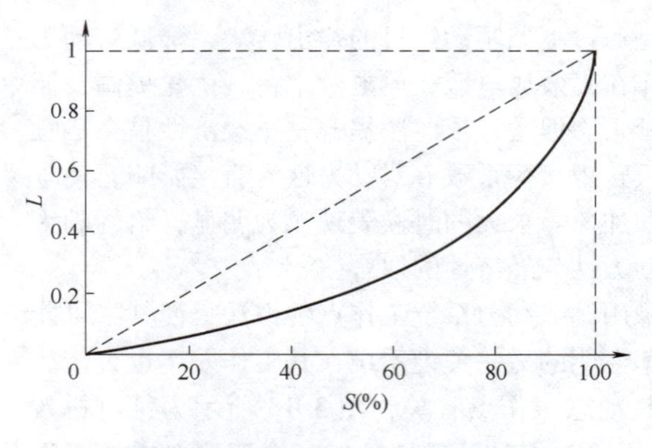

图 3-14　经济模式下 L 与 S 对应关系

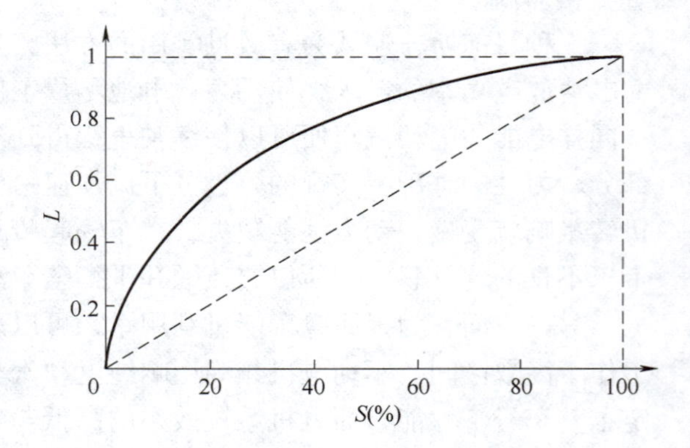

图 3-15　动力模式下 L 与 S 对应关系

从图 3-15 中可以看出，动力模式控制曲线位于标准模式控制曲线上方，且在曲线前段上升趋势较快，后段则相对放缓。在加速踏板全行程范围内，动力模式的转矩负荷系数均大于标准模式，使得整车动力性能大大提升，尤其在起步阶段加速踏板深度行程小时，控制曲线上升迅速，起步阶段转矩响应灵敏。同时，动力模式控制策略曲线偏硬，由于车辆动力性大幅提升使得整车操控性相对降低，经济性相比标准模式也较差，所以需要开发一种兼顾整车动力性与经济性的驱动控制策略。

3.5　电动汽车高压系统

相对于传统的燃油汽车而言，纯电动汽车采用了大容量、高电压的动力蓄电池及高压电机驱动系统，并采用了大量的高压附件设备，如充电设备、电动压缩机、PTC 电加热器、高压控制盒及 DC/DC 变换器等。常见的纯电动汽车的高压控制流程如图 3-16 所示。

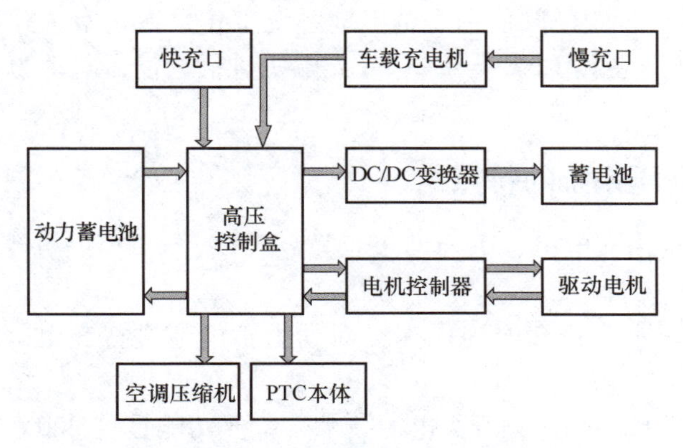

图 3-16　纯电动汽车高压控制流程

3.5.1　电动汽车高压系统的结构形式

E150 EV 动力蓄电池系统是用来给电动汽车的驱动提供能量的一种能量储存装置。动力蓄电池系统主要由动力蓄电池模组、动力蓄电池管理系统、辅助元器件及动力蓄电池箱 4 部分组成。

1. 动力蓄电池模组

蓄电池单体是构成动力蓄电池模块的最小单元，它一般由正极、负极、电解质及外壳等构成，可实现电能与化学能之间的直接转换。动力蓄电池模块则是将多个蓄电池单体按照串联、并联或串并混联方式组合，是蓄电池单体在物理结构和电路上连接起来的最小分组，可作为一个单元替换。动力蓄电池模组由多个蓄电池模块或单体蓄电池串联组成一个组合体，是用来给动力电路提供能量的所有电气相连的蓄电池包的总称。

2. 动力蓄电池管理系统

动力蓄电池管理系统是蓄电池保护和管理的核心部件。动力蓄电池管理系统按性质进行分类，可分为硬件和软件两部分。硬件部分主要由主板、从板及高压盒组成，还包括采集电压、电流、温度等数据的电子器件；软件部分主要监测动力蓄电池的电压、电流、SOC 值、绝缘电阻值、温度值，软件通过与 VCU、充电机的通信，来控制动力蓄电池系统的充放电。

3. 辅助元器件

辅助元器件主要包括动力蓄电池系统内部的电子电气元件，如熔断器、继电器、分流器、接插件、紧急开关、烟雾传感器、维修开关以及电子电气元件以外的辅助元器件（如密封条、绝缘材料等）。

4. 动力蓄电池箱

动力蓄电池箱是支撑、固定、包围蓄电池系统的一个组件，主要包含上盖和下托盘，还

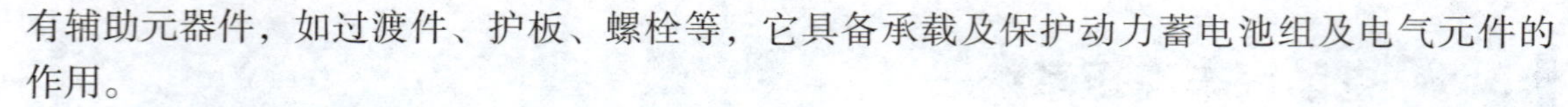

有辅助元器件，如过渡件、护板、螺栓等，它具备承载及保护动力蓄电池组及电气元件的作用。

5. 动力蓄电池系统控制原理

动力蓄电池模组放置在一个密封并且屏蔽的动力蓄电池箱里面，动力蓄电池系统使用可靠的高低压接插件与整车进行连接。系统内的 BMS 实时采集各单体蓄电池的电压值、各温度传感器的温度值、动力蓄电池系统的总电压值和总电流值，动力蓄电池系统的绝缘电阻值等数据，并根据 BMS 中设定的阈值判定蓄电池系统工作是否正常，并对故障实时监控。动力蓄电池系统通过 BMS 使用 CAN 与 VCU 或充电机进行通信，对动力蓄电池系统进行充放电等综合管理。

3.5.2 电动汽车高压系统的特点

高压系统部件主要由充电机、DC/DC 变换器、PTC、空调压缩机等组成。

1. 充电控制系统

目前在纯电动汽车上常用 2 个充电途径对动力蓄电池进行充电，即常规充电（慢充）与快速充电。

电动汽车车载充电机采用高频开关电源技术，主要功能是将 220V 交流电转换为高压直流电给动力蓄电池进行充电，保证车辆正常行驶。同时车载充电机提供相应的保护功能，包括过电压、欠电压、过电流、欠电流等多种保护措施，当充电系统出现异常会及时切断供电。

车载充电机内部可分为 3 部分，即主电路、控制电路、线束及标准件。主电路作用：前端将交流电转换为恒定电压的直流电，主要是全桥电路 + PFC 电路；后端为 DC/DC 变换器，将前端转出的直流高压电变换为合适的电压及电流供给动力蓄电池。控制电路作用：控制 MOS 管的开关，与 BMS 进行通信，监测充电机状态，与充电桩匹配等。

（1）常规充电（慢充）的系统构造与控制策略　常规充电即是采用随车配备的便携式充电设备进行充电，可使用家庭电源或专用的充电桩电源，通过车载充电机把交流电转换为直流电，经过高压电气盒配送给动力蓄电池进行充电。交流充电方式的充电电流相对较小，充电速度较慢，通常也称为慢充模式。慢充系统控制原理图如图 3-17 所示。

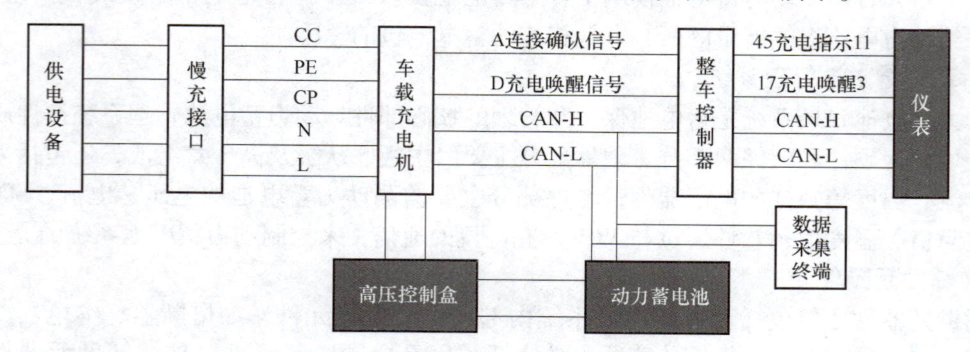

图 3-17　慢充系统控制原理图

（2）快充系统构造与控制策略　快速充电是指当需要极短时间内给蓄电池充满电时，通过直流充电口外接直流充电机，经过高压电气盒配送给动力蓄电池进行充电。直流充电方式的电流较大，充电速度较快，通常也称为快充模式。高功率高电压的工作条件，使动力蓄电池在短时间内可充至 80% 左右的电量，因此也称为应急充电，快速充电模式多存在于大型充电站或公路旁作为应急使用。北汽新能源 E150 EV，使用快充功能，0.5h 就可以充满 80%，1h 即可充满。快充系统设计架构如图 3-18 所示。

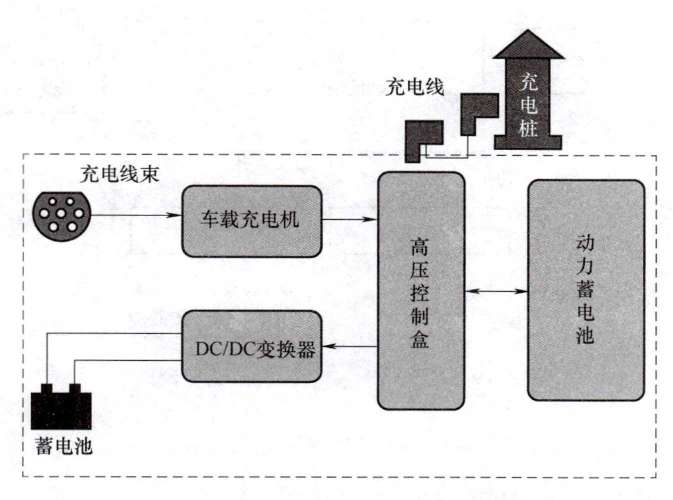

图 3-18　快充系统设计架构

快充系统主要由充电设备（充电桩）、快充接口、高压控制盒、动力蓄电池、整车控制器、高压线束和低压线束等组成。

2. 高压控制盒的构造

高压控制盒的主要功能是进行高压控制及保护功能，其构造包括整车主继电器、PTC 继电器、高压各分系统熔断器。

3. 空调控制系统

电动汽车的空调系统与传统动力汽车基本相同，由电动压缩机、冷凝器、蒸发器、冷却风扇、鼓风机、膨胀阀、储液干燥器和高低压管路附件等组成。传统汽车压缩机由发动机传动带通过电磁离合器带动，而电动汽车采用电动压缩机，电动压缩机由动力蓄电池提供高压电驱动。E150 EV 空调控制系统原理图如图 3-19 所示。

整车控制器（VCU）采集到空调（A/C）开关信号、空调压力开关信号、蒸发器温度信号、风速信号以及环境温度信号，经过运算处理形成控制信号，通过 CAN 总线传输给空调控制器，由空调控制器控制空调压缩机高压电路的通断。

4. DC/DC 变换器

车载充电机内部可分为 3 部分，即主电路、控制电路、线束及标准件。其后端为 DC/DC 变换器，将前端转出的直流高压电变换为合适的电压及电流供给动力蓄电池。控制电路作用：控制 MOS 管的开关，与 BMS 进行通信，监测充电机状态，与充电桩匹配等。

5. PTC 加热器

暖风蒸发箱总成内取消了传统燃油汽车的暖风芯体，以高压 PTC 加热器进行替换，将原来利用发动机冷却液热量进行制暖的原理变更为采用电加热器直接加热 HVAC 内部空气的方式；而对于 PTC 的控制，则是通过 PTC 控制模块采集加热请求，同时根据 VCU 控制信

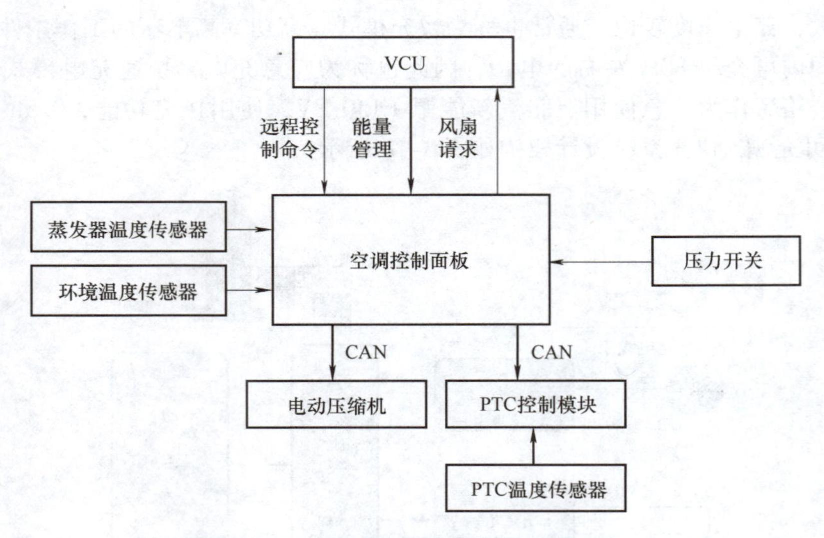

图 3-19　E150 EV 空调控制系统原理图

号、PTC 总成内部传感器温度反馈等信号综合控制 PTC 通断，从而实现空调系统的功能。

3.5.3　典型纯电动汽车车型实例

2017 款江淮 iEV6E 纯电动汽车的高压系统主要由动力蓄电池总成、高压控制盒、整车控制器（VCU）、驱动电机、车载充电机、DC/DC 变换器、电动空调压缩机、PTC 加热元件等组成。

1. 动力蓄电池总成

动力蓄电池总成由蓄电池模组、箱体、动力蓄电池管理系统（BMS）、高/低压线束等组成。动力蓄电池模组由若干个单体蓄电池通过串联和并联的方式组装而成，为电动汽车提供能量存储和动力输出。BMS 包括从机和主机，从机用于采集各个箱体中蓄电池模组的电压、温度等信号，主机是动力蓄电池总成的控制中心；BMS 时刻监控动力蓄电池的工作状态，并通过 CAN 总线与电机控制器和车载充电机进行通信，对动力蓄电池总成的充放电等进行综合管理。动力蓄电池总成如图 3-20 所示。

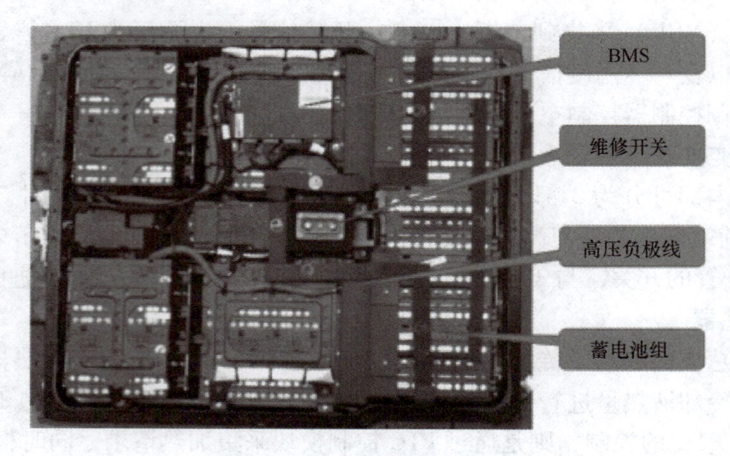

图 3-20　动力蓄电池总成

2. 高压控制盒（图 3-21）

高压控制盒的功能有分配动力蓄电池总成的电能；控制 PTC 加热元件与直流充电电路的通断；空调系统、直流充电、交流充电、电机控制等电路的过载保护。

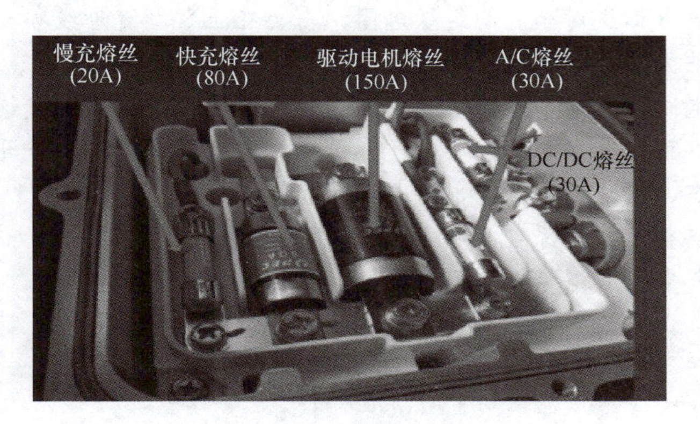

图 3-21　高压控制盒

3. 电机控制器

电机控制器主要以绝缘栅双极晶体管（IGBT）模块为核心，将动力蓄电池的直流电转换为交流电以驱动电机。由于在交流转换成直流的过程中，交流频率和电压可以改变控制参数，所以有很高的自由度。电机控制器内集成了电压传感器和电流传感器。电机控制器由低压 12V 蓄电池提供常电，由 BMS 通过硬线唤醒。

4. 驱动电机

驱动电机是一个紧凑、质量小、高功率输出、高效率的永磁同步电机（PMSM），永磁铁心被镶入转子中，旋转磁场和定子线圈共同作用产生转矩；电机旋变器被同轴安装在电机上，用来检测转子旋转的角度，此旋转角度发送给电机控制器；电机温度传感器检测电机定子内部的温度，此温度信息也发送给电机控制器。

5. 车载充电机

车载充电机采用风冷对控制单元进行冷却，将 AC 220V 电压整流、升压后为锂蓄电池组充电。车载充电机由 12V 蓄电池提供常电，连接充电枪，车载充电机输入 AC 220V 电压后输出唤醒信号给其他控制模块。

6. DC/DC 变换器

DC/DC 变换器将动力蓄电池输出的高压直流电转换为低压直流电，为整车低压用电系统供电，同时为低压蓄电池充电。

新能源汽车有源绝缘电阻检测模块的检测

【实施条件】

实施要求：有源绝缘电阻检测模块技术性能良好，工作正常。

实施时间：按照教学计划的安排，了解有源绝缘电阻检测模块的结构和特点。

教学要求：根据新能源汽车专业的学生数量将学生分成若干小组，每小组5人使用有源绝缘电阻检测模块，指导教师先讲解并现场演示，学生再动手操作。

【实施步骤】

由于测量正负直流母线对车身的绝缘电阻，需要在正负直流母线和车身间加入电阻电路进行测量，这种做法无疑会降低动力蓄电池箱和车体之间的绝缘等级，增加车辆短路的风险。为了保证测量电路的导通不影响车辆本身的绝缘性能，电压注入式绝缘检测方法在检测电路与动力蓄电池组正负母线之间加了电子开关，只有检测瞬间，两个开关才会闭合，测量结束即处于断开状态，保证切断测量电路与正负直流母线。

当系统收到来自整车控制系统的检测指令时，有源绝缘监测系统承担着信号采样、处理、分析及通信的任务。有源绝缘检测电路结构如图3-22所示。

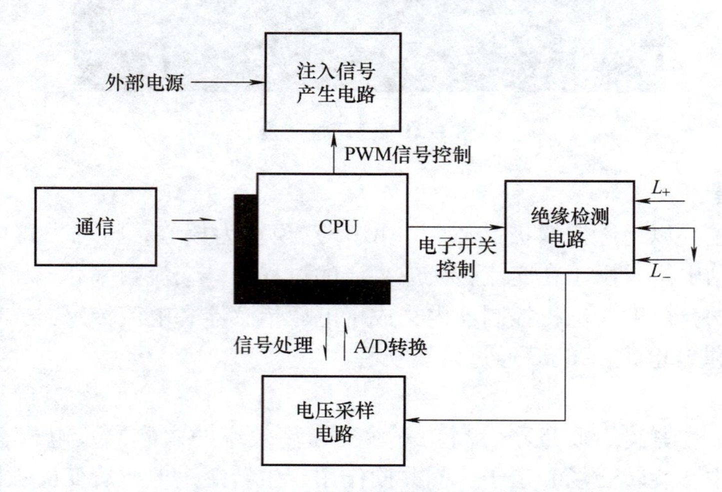

图3-22　有源绝缘检测电路结构

试验选用288V、50Ah磷酸铁锂蓄电池组，用20～300kΩ范围内的电阻并入直流正负母线来模拟系统的绝缘电阻，电压注入式绝缘检测数据表见表3-1。

表3-1　电压注入式绝缘检测数据表

并入电阻实际值/kΩ	R_P		R_N	
	测量值/kΩ	相对误差（%）	测量值/kΩ	相对误差（%）
20	20.6	3.0	20.5	2.5
30	30.5	1.7	29.2	2.7
50	49	2.0	48.7	2.6
60	62	3.3	58.1	3.2
100	99.5	0.5	100.2	0.2
150	153	2.0	157	4.7
200	205	2.5	196	2.0
300	291	3.0	298.1	0.63

从表 3-1 可以看出，采用电压注入式的绝缘电阻检测方法，测量值与真实值比较接近，是一种有效的绝缘电阻检测方法。

从汽车兵到大国工匠

态度决定高度

“是！坚决完成任务！”

中国第一汽车集团有限公司（以下简称一汽）整车道路试验工张国强，受领重要任务时，仍然习惯性地用敬军礼来表明态度。虽然离开部队 30 多年了，张国强骨子里还当自己是一个兵。

“当兵的经历是我一生的财富，鞭策着我在工作中积极学习，不断进取。”从初入军营“没啥文化”的汽车兵，到成长为全国技术能手、全国五一劳动奖章获得者，一路走来，在军营里锻造的奋斗品格，成为张国强人生最亮丽的底色。

细节决定成败

上班时，张国强人不离车，一个部件一个部件琢磨，查找问题。下班回家，他一头扎进书堆里，寻找答案。

看车、看书，上车、修车，周而复始，不厌其烦，对于厂里的车型，张国强熟悉连接每个零件的电线颜色，能背下整车螺栓的力矩……靠着这股子钻劲，两年后，张国强在公司举办的技能大赛中夺取了机动车检查工竞赛第二名并在全国首届载货汽车装调工职业技能大赛中一举夺魁。

钻研，所以“技惊四座”

张国强对汽车的每个部件都有深入研究。

有一次，张国强陪同公司领导到车间验证转向异响问题，领导提出查看动力转向油罐里的滤芯状况。因为滤芯埋在动力转向油中，如果不知道原理很难拆卸。当时，张国强走上前去，把手探入油罐里，摸到滤芯后准确迅速地拆卸下来，让现场的人惊叹不已。

作为高级专家，更加侧重解决潜在问题。在检查一辆新型车时，张国强感觉转向杆和减振器的空间布局有些异常。但设计师经过反复考量论证，认为应该没有问题。“有千万分之一的可能都不行。”张国强将新车的减振器涂抹上红色颜料，到路况恶劣的道路上开车一遍遍测试。最后，张国强发现，在极端恶劣的路况下，转向杆和减振器会发生碰撞，形成干涉。测试结果说服了设计师，他们改进优化了结构设计，避免了潜在的安全隐患。

这些年，张国强参与解决的问题难以计数。2017 年，他参与编制并主审的《汽车装调工国家职业技能标准》，成为全国同行业人员的标准教材。

本模块通过介绍纯电动汽车的电驱动系统与布置形式，使读者熟悉纯电动汽车的组成和工作原理，掌握电动汽车电机控制器、电动汽车整车控制器结构和工作原理、电动汽车高压

系统结构和工作原理。

【填空题】

1. 驱动控制器按照中央________的指令和电机的速度及电流反馈信号，对电机的速度、转矩和________方向进行控制。电机具有双重功能，在正常行驶时，动力蓄电池向________供电，电机将电能转化为机械能；在减速和制动时，电机运行于________状态，将车轮的惯性动能转化为电能，对动力蓄电池进行充电。

2. 整车控制器作为纯电动汽车控制的________单元，采集汽车各部件信号及状态信息，接收驾驶人操作信息，根据整车________做出相应的指令。纯电动汽车的驱动控制策略，常见的分为________模式、标准模式、经济模式和动力模式。

【问答题】

1. 简述纯电动汽车工作原理。
2. 简述电动汽车电机结构与特点。
3. 简述电动汽车整车控制策略。

模块四

燃料电池电动汽车

【教学目标】

通过对本模块的学习，读者能够掌握燃料电池电动汽车的分类和工作原理，掌握燃料电池结构与特点、工作原理，了解典型燃料电池电动汽车车型。

【教学要求】

知识目标：

1. 了解燃料电池电动汽车的分类，掌握燃料电池电动汽车结构和工作原理。
2. 熟悉燃料电池结构与特点。
3. 了解典型燃料电池电动汽车的结构和工作原理。

技能目标：

燃料电池汽车优势的认知。

【引言】

近年来，燃料电池不断地向小型化方向发展，使得燃料电池能够装置到各种类型的车辆上。燃料电池以其特有的燃料效率高、能量大、功率大、供电时间长、使用寿命长、可靠性高、噪声低及不产生有害排放物 NO_2 等优点正引起世界各国的注意。

燃料电池电动汽车的燃料电池本身是一种能量转换装置，只要维持燃料供给，就能连续发电，汽车也就能够持续行驶，且燃料补给的时间短，因此燃料电池电动汽车是一种可以持续使用电能的理想汽车。

通过对本模块的学习，读者可以较全面地了解燃料电池电动汽车的分类和工作原理、燃料电池结构与特点和燃料电池电动汽车。

燃料电池电动汽车（Fuel Cell Electric Vehicle，FCEV）是用燃料电池作为核心动力源的电动汽车。相比传统汽车，FCEV 具有对环境零污染、续驶里程长和能源补给时间短等优点，FCEV 的广泛应用可以节约化石能源、减少环境污染，它是未来汽车工业绿色、可持续

发展的重要方向之一，也是汽车行业在解决全球环境和能源问题等方面最理想的方案之一。

4.1 燃料电池电动汽车的分类和工作原理

燃料电池电动汽车（FCEV）是一种用车载燃料电池装置产生的电力作为动力的汽车。车载燃料电池装置所使用的燃料为高纯度氢气或含氢燃料经重整所得到的高含氢重整气。与通常的电动汽车比较，其动力方面的不同在于 FCEV 用的电力来自车载燃料电池装置，通常电动汽车所用的电力来自由电网充电的动力蓄电池。因此 FCEV 的关键是燃料电池。

4.1.1 燃料电池电动汽车分类

燃料电池电动汽车分类如图 4-1 所示。

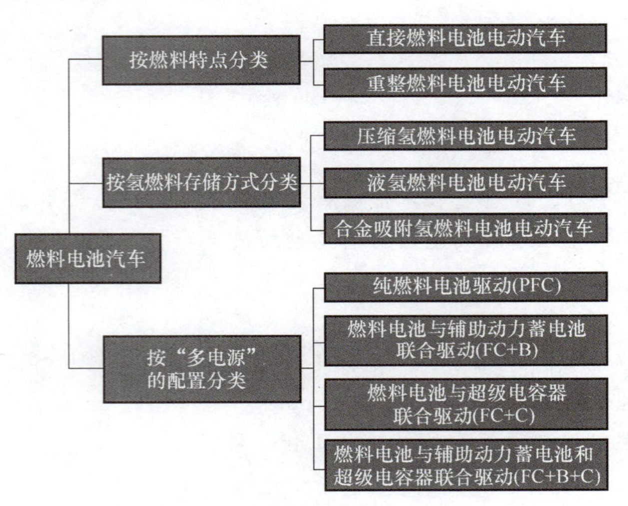

图 4-1 燃料电池电动汽车分类

燃料电池电动汽车（FCEV）按燃料特点分类可分为直接燃料电池电动汽车和重整燃料电池电动汽车。

直接燃料电池电动汽车的燃料主要是氢气；重整燃料电池电动汽车的燃料主要有汽油、天然气、甲醇、甲烷、液化石油气等。氢燃料电池电动汽车排放无污染，被认为是最理想的汽车。

FCEV 按氢燃料的存储方式分类可分为压缩氢燃料电池电动汽车、液氢燃料电池电动汽车和合金（碳纳米管）吸附氢燃料电池电动汽车。

FCEV 按“多电源”的配置分类可分为纯燃料电池驱动（PFC）的 FCEV、燃料电池与辅助动力蓄电池联合驱动（FC + B）的 FCEV、燃料电池与超级电容器联合驱动（FC + C）的 FCEV 以及燃料电池与辅助动力蓄电池和超级电容器联合驱动（FC + B + C）的 FCEV。其中，采用燃料电池与动力蓄电池联合驱动的 FCEV 使用较为广泛，如图 4-2 所示。

4.1.2 燃料电池电动汽车的工作原理

燃料电池电动汽车主要由燃料电池、高压储氢罐、辅助动力源、DC/DC 变换器、驱动电机和整车控制器等组成。

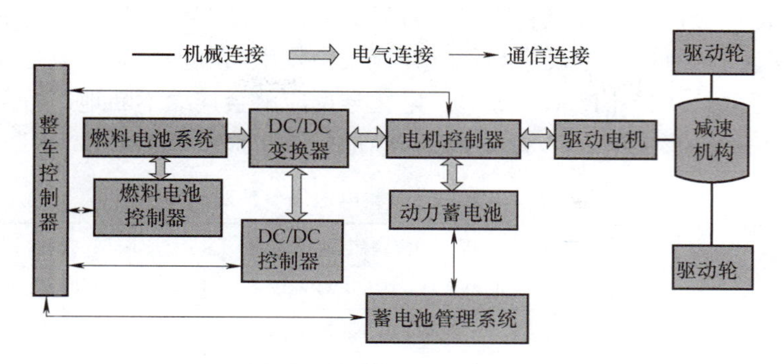

图 4-2　燃料电池与动力电池联合驱动的 FCEV

1. 燃料电池电动汽车的组成

（1）燃料电池　图 4-3 所示为丰田 Mirai 氢燃料电池电动汽车，其组成包括燃料电池、储氢罐、储能电池、升压转换器、电机、动力控制单元等。

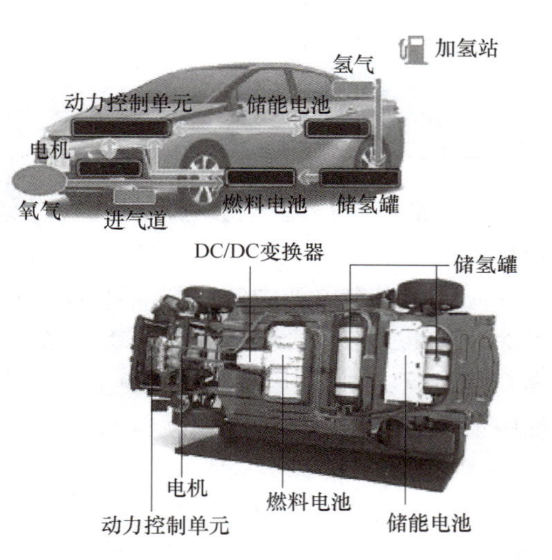

图 4-3　丰田 Mirai 氢燃料电池电动汽车结构及部件

燃料电池是燃料电池电动汽车的主要动力源，它是一种不燃烧燃料而直接以电化学反应方式将燃料的化学能转变为电能的高效发电装置。图 4-4 所示为丰田 Mirai 的燃料电池，其内部有 370 枚燃料电池原件存储，燃料电池堆栈中每片电池发电的电压在 0.6V ~ 0.8V 之间。表 4-1 为丰田两代燃料电池堆参数对比。

燃料电池发电的基本原理是：电池的阳极（燃料极）输入氢气（燃料），氢分子（H_2）在阳极催化剂作用下被离解成为氢离子和电子，氢离子穿过燃料电池的电解质层向阴极（氧化极）方向运动，电子因通不过电解质层而由一个外部电路流向阴极；在电池阴极输入氧气，氧气在阴极催化剂作用下离解成为氧原子，与

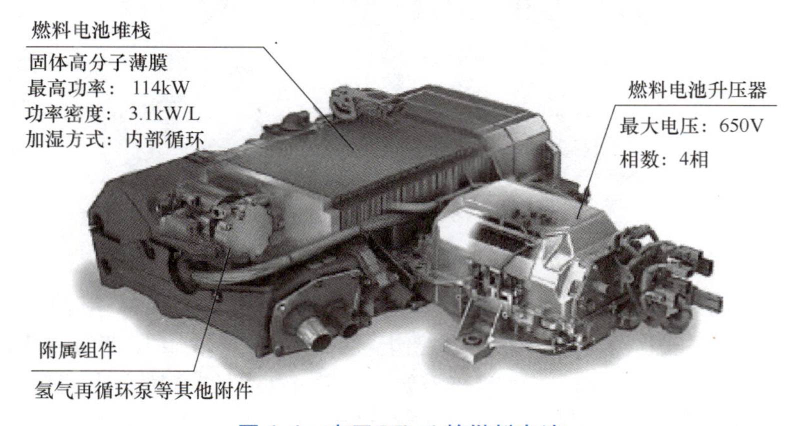

图 4-4　丰田 Mirai 的燃料电池

通过外部电路流向阴极的电子和燃料穿过电解质的氢离子结合生成稳定结构的水，完成电化学反应，放出热量。这种电化学反应与氢气在氧气中发生的剧烈燃烧反应是完全不同的，只要阳极不断输入氢气，阴极不断输入氧气，电化学反应就会连续不断地进行下去，电子就会不断通过外部电路流动形成电流，从而连续不断地向汽车提供电力。

表 4-1 丰田两代燃料电池堆参数对比

款　型	2008 年型燃料电池堆	新型（Mirai）燃料电池堆
功率密度、比功率	1.4kW/L、0.83kW/kg	3.1kW/L、2kW/kg
体积/质量	64L/108kg	37L/56kg
电池单体数量	400 片（两排堆叠）	370 片（一排堆叠）
电池单体厚度	1.68mm	1.34mm
电池单体质量	166g	102g
电池单体流场	直通道流场	3D 精细网格流场
安装位置	电机舱	地板下方

催化剂是一种化学物质，可以提高反应速度且不被消耗；在反应之后，它可以从反应混合物中恢复，化学性质不变。催化剂可以降低活化能所需能量，能更快或在较低的温度下进行反应。在燃料电池中催化剂催进氧化剂和燃料的反应。燃料电池中的催化剂通常是用薄铂粉涂到炭纸或布上，碳纸或布是粗糙和多孔状，以便铂的最大表面面积可以接触到氢或氧。燃料电池反应堆是一个化学“发电厂”，利用电解水的逆反应过程从氢气和氧气化学反应过程中使电荷转移得到电能，燃料电池工作原理如图 4-5 所示。

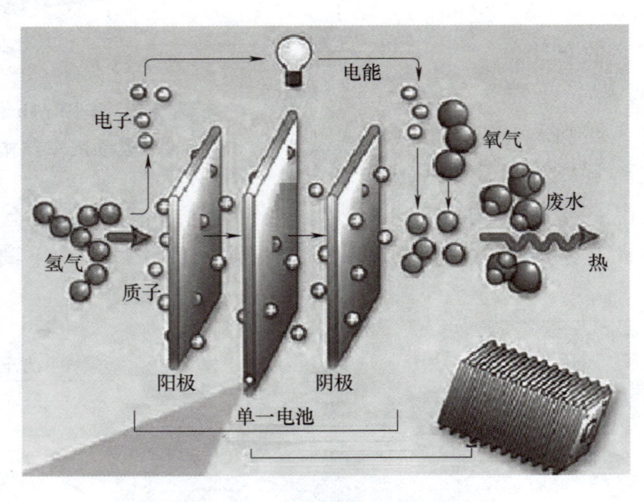

图 4-5　燃料电池工作原理

（2）高压储氢罐　高压储氢罐是气态氢的储存装置，用于给燃料电池提供氢气。为了保证燃料电池电动汽车一次充气有足够的续驶里程，就需要多个高压储氢罐来储存氢气。一般乘用车需要 2 ~ 4 个高压储氢罐，大客车需要 5 ~ 10 个高压储氢罐。丰田 Mirai 氢燃料电池电动汽车的高压储氢罐如图 4-6 所示，其由两个储气罐组成，容积分别为 60L 和 62.4L，最大可以储存 5kg 氢燃料，储气压力可达 70MPa。罐体采用碳纤维加凯夫拉复合材料，其强度可以抵挡轻型枪械的攻击。加满两个储气罐需要 3～5min。

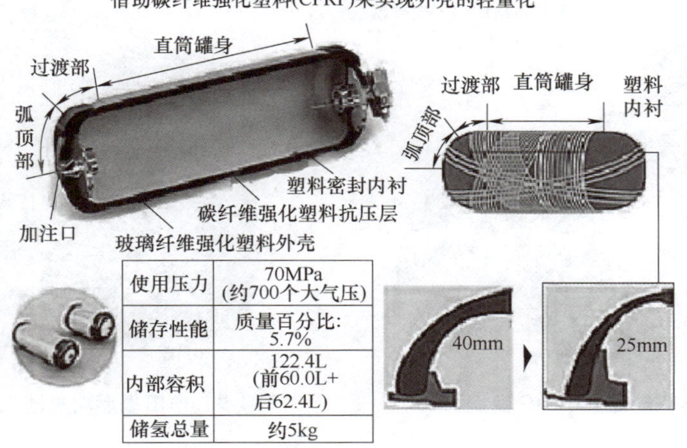

使用压力	70MPa (约700个大气压)
储存性能	质量百分比: 5.7%
内部容积	122.4L (前60.0L+后62.4L)
储氢总量	约5kg

图 4-6 高压储氢罐

（3）辅助动力源 因 FCEV 的设计方案不同，其所采用的辅助动力源也有所不同，可以用动力蓄电池组、飞轮储能器或超大容量电容器等共同组成双电源系统。丰田 Mirai 的辅助动力源采用的是镍锰动力蓄电池，如图 4-7 所示。

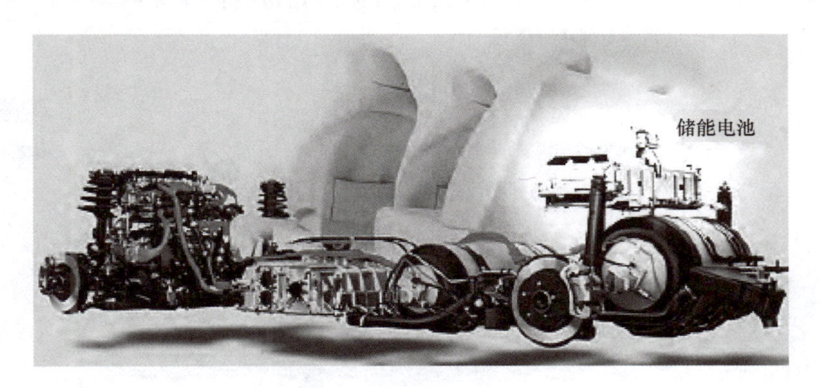

图 4-7 镍锰动力蓄电池

（4）DC/DC 变换器 FCEV 的燃料电池需要装置单向 DC/DC 变换器，动力蓄电池和超级电容器需要装置双向 DC/DC 变换器。DC/DC 变换器的主要功能有调节燃料电池的输出电压（能够升压到650V）；调节整车能量分配；稳定整车直流母线电压。丰田燃料电池电动汽车采用的 DC/DC 变换器可以将燃料电池产生的 222～296V 电压升压到 650V，丰田燃料电池 DC/DC 变换器如图 4-8 所示。

（5）驱动电机 燃料电池电动汽车使用的驱动电机主要有直流电机、交流电机、永磁同步电机和开关磁阻电机等。丰田 Mirai 作为一款氢燃料电池电动汽车，前后轴各配备了一台最大输出功率为 114kW，最大转矩为 335N · m 的电机，丰田氢燃料电池电动汽车驱动电机如图 4-9 所示。

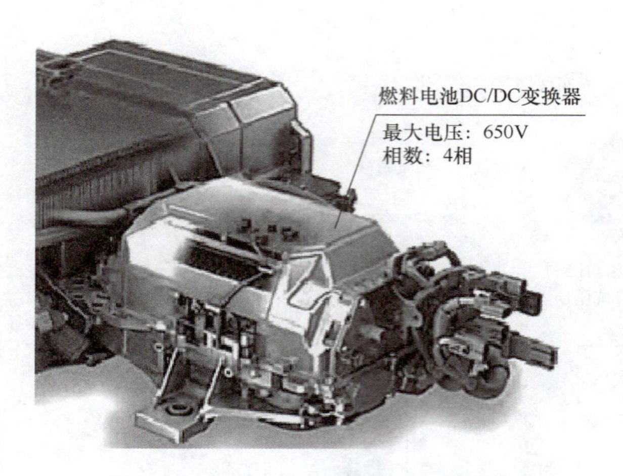

图 4-8　丰田燃料电池 DC/DC 变换器

图 4-9　丰田氢燃料电池电动汽车驱动电机

（6）整车控制器　整车控制系统是燃料电池电动汽车的控制核心，由燃料电池管理系统、动力蓄电池管理系统、驱动电机控制器等组成，它一方面接收来自驾驶人的需求信息（如点火开关、加速踏板、制动踏板、档位位置信号等）实现整车工况控制；另一方面基于反馈的实际工况（车速、制动、电机转速等）以及动力系统的状况（燃料电池及动力蓄电池的电压、电流等），根据预先设定好的多能源控制策略进行能量分配调节控制，丰田 Mirai 燃料电池电动汽车工作原理如图 4-10 所示。

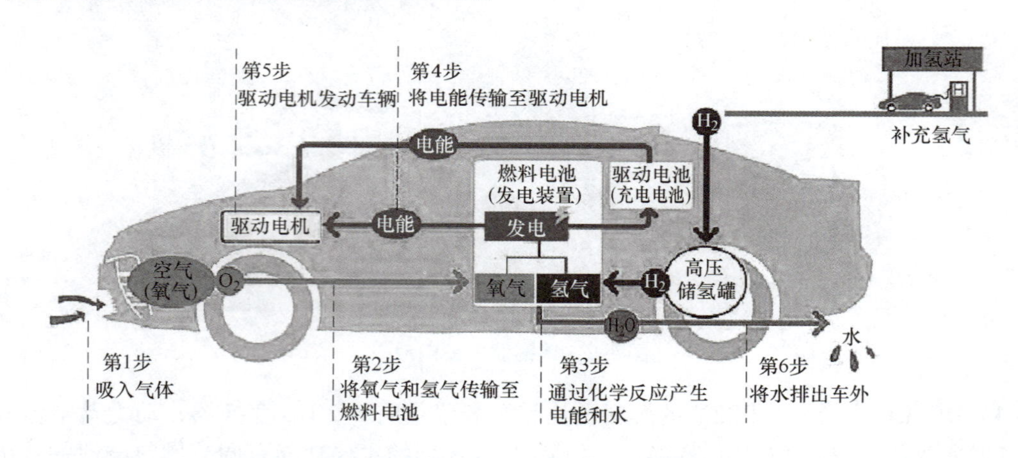

图 4-10　丰田 Mirai 燃料电池电动汽车工作原理

2. 燃料电池电动汽车的工作原理

丰田汽车公司于 2017 年量产氢燃料电池电动汽车 Mirai。Mirai 意为“未来”，丰田汽车公司对于未来的探索在该车型上得以实现。从开始研发到最终上市，丰田汽车公司耗费 20 余年的时间，Mirai 核心组件包括动力控制单元、燃料电池堆、动力蓄电池、电机、DC/DC 变换器以及高压储氢罐，具备低重心化、空气动力性能、最优化的质量分配以及高强度车身等特点。

燃料电池电动汽车行驶工况分为起动、一般行驶、加速行驶以及减速行驶，驱动模拟如图 4-11 所示。

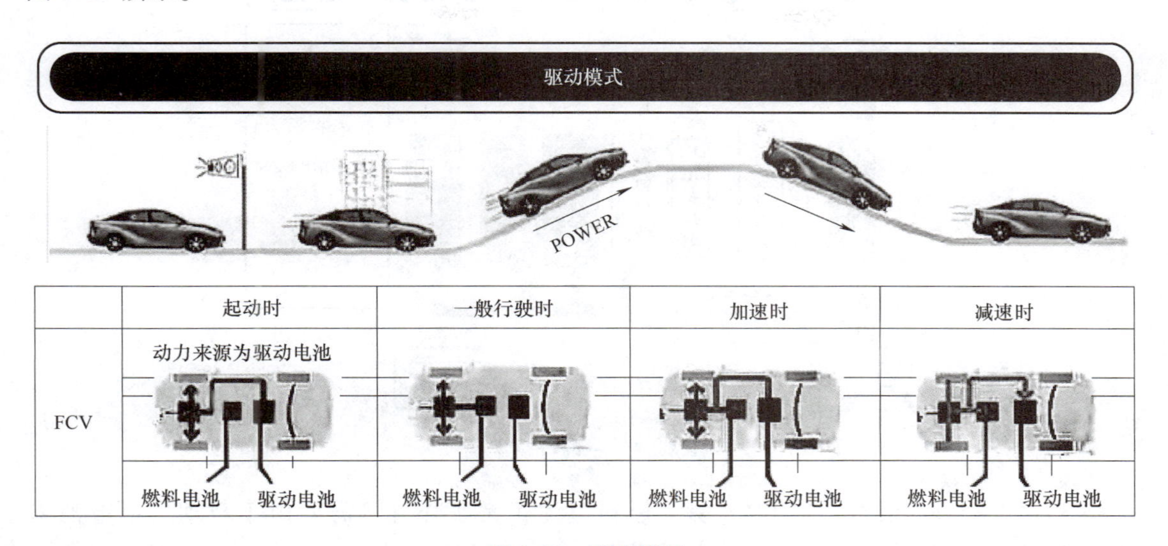

图 4-11　驱动模拟

（1）起动工况　车辆起动时，由车载动力蓄电池进行供电，此时，来自镍锰蓄电池的电源直接提供给驱动电机，使驱动电机工作，驱动车轮转动，此时，燃料电池不参与工作，起动工况如图 4-12 所示。

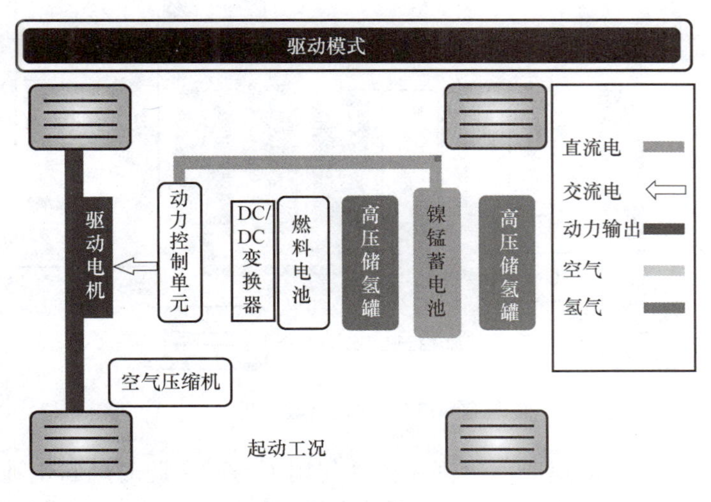

图 4-12　起动工况

（2）一般行驶工况　一般行驶工况下，来自高压储氢罐的氢气经高压管路提供给燃料电池，同时，来自空气压缩机的氧气也提供给燃料电池，经质子交换膜内部产生电化学反应，产生大约 300V 的电压，然后经 DC/DC 变换器进行升压，转变为 650V 的直流电，经动力控制单元转换为交流电提供给驱动电机，驱动电机运转，带动车轮转动，一般行驶工况如图 4-13 所示。

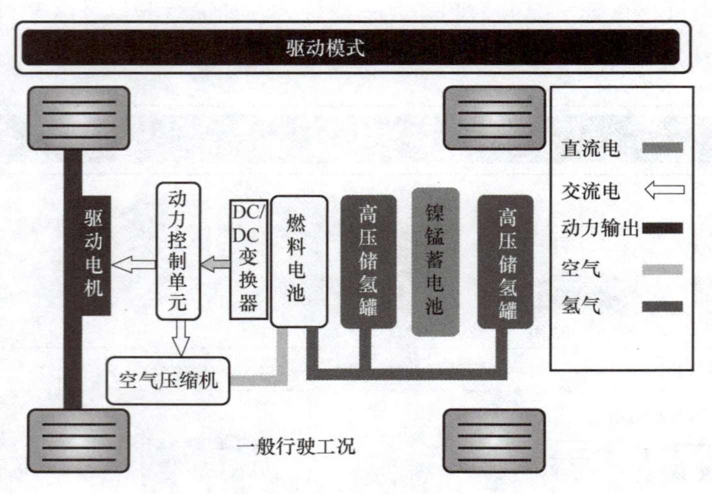

图 4-13　一般行驶工况

(3) 加速行驶工况　加速时，除了燃料电池正常工作外，需要由车载动力蓄电池参与工作，以提供额外的电力供驱动电机使用，此时车辆处于大负荷工况下，加速行驶工况如图 4-14 所示。

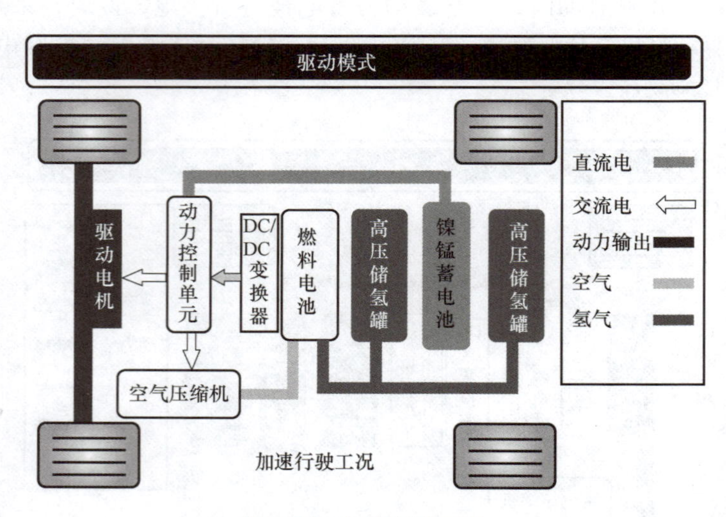

图 4-14　加速行驶工况

(4) 减速行驶工况　减速时，车辆在惯性作用下行驶，此时燃料电池不再工作，车辆减速所产生的惯性能量由转换为发电机的驱动电机进行发电，动力控制单元将其转换为直流电后，反馈回车载动力蓄电池进行电能的回收，减速行驶工况如图 4-15 所示。

3. 燃料电池电动汽车特点

(1) 燃料电池电动汽车优点　与传统内燃机汽车以及纯电动汽车相比，燃料电池电动汽车具有以下优点。

① 效率高：燃料电池的工作过程是化学能转化为电能的过程，不受卡诺循环的限制，能量转换效率较高，可以达到 30% 以上，而传统汽油机和柴油机汽车效率分别为 16% ~

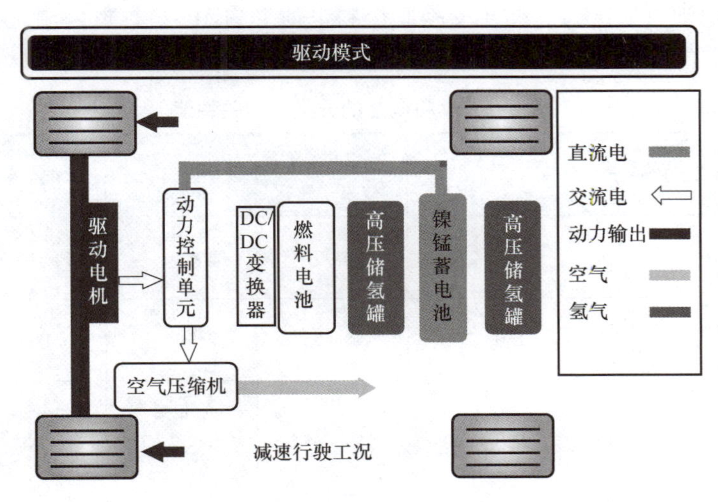

图 4-15　减速行驶工况

18% 和 22% ~24%。

② 续驶里程长：采用燃料电池系统作为能量源，克服了纯电动汽车续驶里程短的缺点，其长途行驶能力及动力性已经接近于传统汽车。

③ 绿色环保：燃料电池没有燃烧过程，以纯氢作燃料，生成物只有水，属于零排放。若采用其他富氢有机化合物通过车载重整器制氢，作为燃料电池电动汽车的燃料，生成物除水之外还可能有少量的 CO_2，接近零排放。

④ 过载能力强：燃料电池除了在较宽的工作范围内具有较高的工作效率外，其短时过载能力可达额定功率的 200% 或更大。

⑤ 低噪声：燃料电池属于静态能量转换装置，除了空气压缩机和冷却系统以外无其他运动部件，因此与内燃机汽车相比，运行过程中噪声和振动都较小。

（2）燃料电池电动汽车的缺点

① 燃料电池电动汽车的制造成本和使用成本较高。

② 辅助设备复杂，且质量和体积较大。

③ 起动时间长，系统抗振能力有待进一步提高。此外，在储氢装置受到振动或者冲击时，各种管道的连接和密封的可靠性需要进一步提高。

4.2　燃料电池结构与工作原理

FCV 已经成为中国汽车工业和新能源领域发展的重要方案，它对促进交通领域低碳转型和提升重点节能产业的国际竞争力均有举足轻重的战略意义。燃料电池被认为是高效、无声、清洁的能源转换系统，可连续且直接地将外部供给的燃料和氧化剂的化学能转换成电能。

4.2.1　燃料电池结构与特点

燃料电池种类较多，依据分类方法不同，可以分为多种。根据电解质的类型不同，可分为 5 类：碱性燃料电池（AFC）、磷酸型燃料电池（PAFC）、熔融碳酸盐燃料电池（MCFC）、固体氧化物燃料电池（SOFC）、质子交换膜燃料电池（PEMFC），燃料电池的分类及相关性能见表4-2。

表4-2 燃料电池的分类及相关性能

类　型	电解质	工作温度/℃	电化学效率（%）	燃料	催化剂	生成物
碱性燃料电池（AFC）	KOH 溶液	50～220	60～70	纯氢	Pt/C、Ni	H_2O
磷酸型燃料电池（PAFC）	液态 H_3PO_4	150～200	45～55	重整气	Pt/C	H_2O
熔融碳酸盐燃料电池（MCFC）	$(Li, K)_2CO_3$	620～660	50～65	净化煤气、天然气、重整气、氢气	Ni	H_2O、CO_2
固体氧化物燃料电池（SOFC）	固体氧化物 ZrO_2	800～1000	60～65	净化煤气、天然气、氢气	钙钛矿（陶瓷）	H_2O、CO_2
质子交换膜燃料电池（PEMFC）	含氟质子膜（Nafion 膜）	60～80	40～60	纯氢气、重整气	Pt/C	H_2O

燃料电池电动汽车与传统内燃机汽车相比，在结构和功率传输方面都有所不同，因此对其整体设计提出了新的要求。

传统燃油发动机和传动动力系统不再存在于燃料电池电动汽车中，而是被燃料电池反应堆、电机、DC/DC 变换器、蓄电池、高压储氢罐和其他装置所取代。其悬架和制动系统都有相应改变。燃料电池电动汽车具有以下特点：

1）能量转化效率高：燃料电池的能量转换效率为内燃机的 2～3 倍。

2）零排放，不污染环境：燃料电池的燃料是氢和氧，生成物是清洁的水。

3）氢燃料来源广泛，可以从可再生能源获得，不依赖石油燃料。

4）运行平稳，无噪声。

5）对比锂蓄电池，燃料电池可以保留人们的驾驶习惯，它解决了锂蓄电池的续驶能力和快速补能问题。

6）在低温起动、能量回收技术及循环寿命上，燃料电池电动汽车也接近于传统内燃机汽车的性能。

4.2.2　燃料电池的工作原理

FC 系统中，燃料和氧化剂从不同入口送入 FC 反应堆，经过一系列电化学反应最后产生出电能。它从表面上看像蓄电池，因为它有阴阳极和电解质等，但实质上它不是“蓄电池”而是“发电机”。原则上只要不间断地有燃料和氧化物输入，FC 就能不间断地发生电化学反应，为外界提供电能。由此可见，FC 兼具动力蓄电池和内燃机的优点，同时还弥补了动力蓄电池充电慢、容量小、寿命短的缺点。常见的 FC 是以氢作为燃料的质子交换膜燃料电池（Proton Exchange Membrane Fuel Cell，PEMFC）。PEMFC 工作原理如图 4-16 所示。

1. 质子交换膜燃料电池工作原理

目前应用在汽车领域的多数为质子交换膜燃料电池，电子通过外电路才能到达阴极，氢离子可直接穿过质子交换膜到达阴极。

当电子通过外电路向阴极流动时就产生直流电了。反应分子式为

负极
$$2H_2 \rightarrow 4H^+ + 4e \tag{4-1}$$

正极
$$O_2 + 4H^+ + 4e \rightarrow 2H_2O \tag{4-2}$$

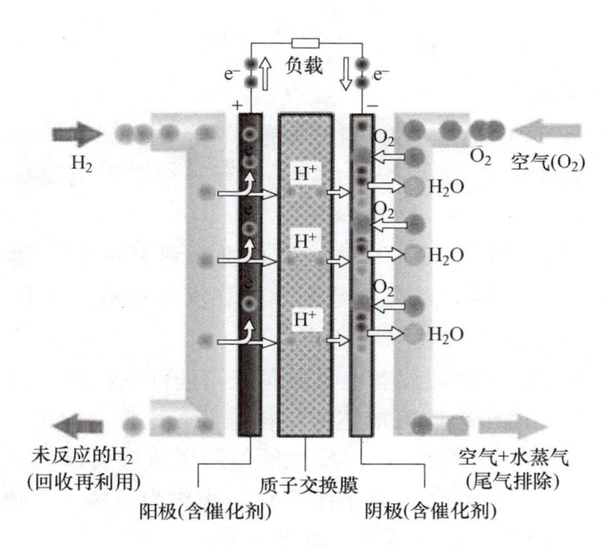

图 4-16 PEMFC 工作原理

2. 磷酸燃料电池

磷酸燃料电池以磷酸为电解质，由燃料电极、隔板、隔膜、空气电极（氧电极）和冷却板组成。在燃料极处采用铂（Pt）、石墨（多孔，0.25mg/cm^2）为催化剂，在氧电极处也采用铂（Pt）、石墨（多孔，0.25mg/cm^2）为催化剂。催化剂的基底装在碳化硅的容器中，在容器中灌入磷酸作为电解质。氧电极和燃料电极的外侧为石墨复合材料的多孔质夹层，供燃料或空气在其中流动。

磷酸燃料电池的燃料电极（负极）化学反应方程为

$$H_2 + 2OH^- \rightarrow H_2O + 2e \tag{4-3}$$

氧电极（正极）反应方程式为

$$\frac{1}{2}O_2 + 2e + H_2O \rightarrow 2OH^- \tag{4-4}$$

总反应方程式为

$$H_2 + \frac{1}{2}O_2 \rightarrow H_2O \tag{4-5}$$

3. 熔融盐燃料电池

熔融盐燃料电池以多种碳酸盐 Li_2CO_3 以及 K_2CO_3 混合物作为电解质，电解质被吸收到铝酸锂陶瓷片中，熔融盐燃料电池由氧电极、燃料电极、电解质和催化剂等组成。在氧电极处输入空气和氧气，在燃料电极输入氢气。在氧电极采用了掺锂的氧化镍作为催化剂，在燃

料电极采用了多孔镍作为催化剂，其化学反应温度为600~650℃。

熔融盐燃料电池的化学反应方程如下：

燃料电极（负极）反应方程式为

$$H_2 + CO_3^{2-} \rightarrow H_2O + CO_2 + 2e \tag{4-6}$$

$$CO + CO_3^{2-} \rightarrow 2CO_2 + 2e \tag{4-7}$$

氧电极（正极）反应方程式为

$$\frac{1}{2}O_2 + 2e + CO_2 \rightarrow CO_3^{2-} \tag{4-8}$$

4. 固体氧化物燃料电池

固体氧化物燃料电池（SOFC）作为一种高温燃料电池，属于第三代燃料电池，是目前国际上正在积极研发的新型发电技术之一。除了具有一般燃料电池高效率、低污染的优点外，SOFC还具有以下优点：

① SOFC的工作温度高（600~1000℃），最高可达到1000℃，经由热回收技术进行热点合并发电，可获得超过80%的热点合并效率，当和汽轮机混合使用时，其发电效率可达到70%~75%，是所有发电技术中效率最高的。

② SOFC的电解质是固体，因此没有电解质蒸发与泄漏的问题，而且电极也没有腐蚀的问题，运转寿命长。此外，由于构成电池体的材料全部是固体，电池外形设计具有灵活性。

③ SOFC在高温下进行电化学反应，因此无须使用贵重金属催化剂，而其本身具有内重整能力，可以直接采用天然气、煤气或其他碳氢化合物作为燃料，简化了电池系统。

④ 发电效率高，可以承受超载、低载，甚至短路。

固体氧化物燃料电池的基本工作原理如图4-17所示。氧化剂（通常为空气中的氧气）在阴极反应区内被还原氧阳离子，即

$$\frac{1}{2}O_2 + 2e \rightarrow O^{2-} \tag{4-9}$$

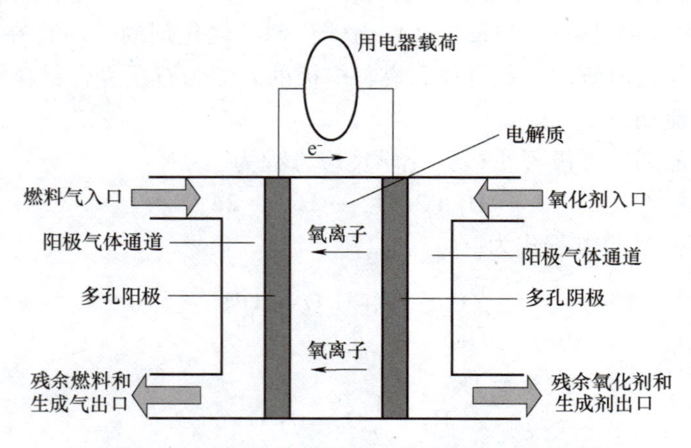

图4-17　固体氧化物燃料电池的基本工作原理

燃料气（氢气为例）在阳极反应区内与氧离子发生氧化还原反应生成水，即

$$H_2 + O^{2-} \rightarrow H_2O + 2e \tag{4-10}$$

氧离子通过电解质传输到阳极反应区，电子从电池阳极端通过外电路传输到电池阴极端

从而形成电流。

5. 氢-氧燃料电池工作原理

燃料电池有两个电极，分别是由正极和负极（燃料电极是负极而氧化剂电极是正极）以及电解质组成。氢-氧燃料电池工作原理如图4-18所示，其反应是电解水的逆过程。反应分子式为

负极 $$H_2 + 2OH^- \rightarrow 2H_2O + 2e \quad (4\text{-}11)$$

正极 $$\frac{1}{2}O_2 + H_2O + 2e \rightarrow 2OH^- \quad (4\text{-}12)$$

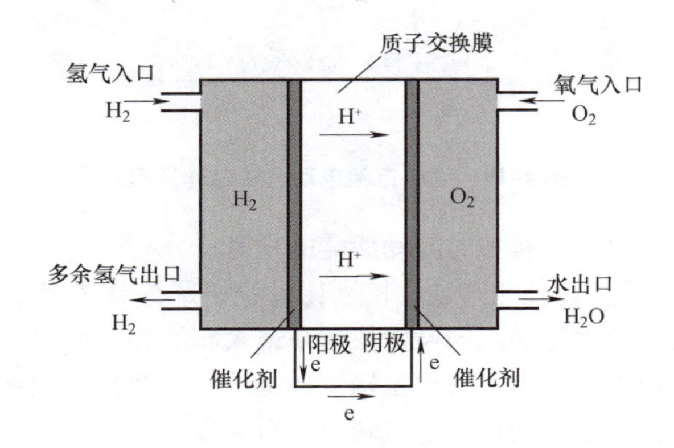

图4-18 氢-氧燃料电池工作原理

4.3 典型燃料电池电动汽车车型实例

1. 燃料电池电动汽车基本原理

FCV主要由FC、高压储氢罐、动力源、DC/DC变换器、驱动电机和整车控制器（VCU）等组成。其基本原理与常规电动汽车类似，根本区别在于常规电动汽车以动力蓄电池作为驱动能量源，而FCV以FC或者FC和动力蓄电池的组合能源作为驱动能量源。燃料电池电动汽车工作原理如图4-19所示，供氢系统将车载储氢罐里的氢气输送到FC里与氧气经过一系列电化学反应并产生电能，电能再经过DC/DC变换器实现与动力蓄电池的耦合后为驱动电机供电，为车辆提供动力。

2. 动力系统参数匹配

动力系统参数匹配也是FCV的关键技术之一，主要包括以下4个方面：

1）燃料电池功率。FC是FCV的主要动力源，因此在参数匹配时，要设定好额定功率和最大功率等参数。FC的最大连续输出功率必须满足以下几部分的功率消耗总和：车辆在最大负荷情况下以最高车速行驶时所需的功率、车内附属装置消耗功率及FC自身消耗功率等。

2）超级电容器选择。超级电容器主要起辅助作用，它充当功率缓冲器。它在车辆爬坡、加速时等需要瞬时大功率时起作用。一般需根据FC峰值功率和连续功率差来设计超级电容器功率。

3）电机参数匹配。电机的最大功率须满足车辆以最大速度加速爬坡时所需的功率，电

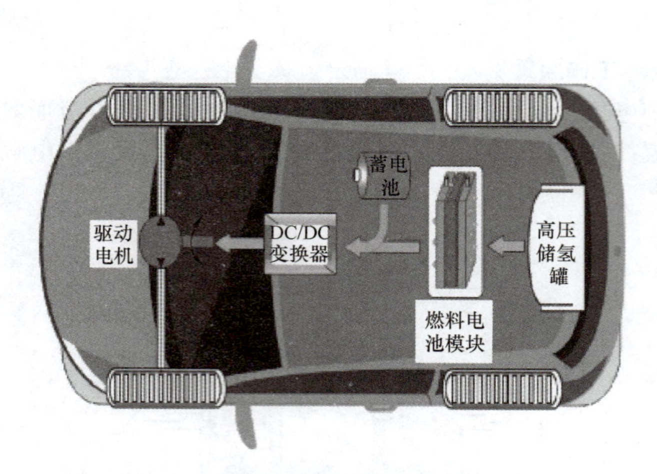

图 4-19　燃料电池电动汽车工作原理

机的最大转矩则须满足车辆最大爬坡时起动所需的功率。

4）传动参数设计。最大传动比和最小传动比设计必须综合考虑车辆爬坡、最低稳定车速及附着率等诸多因素，最大传动比的设定依据是最大爬坡和最低稳定车速，最小传动比则应满足最大车速时功率的需求；为了确保车辆低档爬坡、中档加速和高档匀速所需功率，应选择合适的减速器和主减速器传动比对电机转速进行匹配。

3. 驱动电机的控制技术

由于驱动电机是 FCV 关键部件之一，因此驱动电机及其控制技术必然需要重点设计研究。就发展趋势来说，驱动电机朝着高转速、高效率、大功率和小型化发展。驱动电机系统的控制技术是影响汽车的性能指标因素之一，所以如何优化调速控制显得至关重要。

4. 整车通信网络技术

汽车通信网络技术是汽车技术高速发展的标志。FCV 采用了大量电子元器件来满足功能需求，有更为复杂的整车控制系统，因此需要更为复杂的电路布线，若采用传统的布线方式，无疑变得相当复杂，而且增加了后期维修的难度，更是增加了系统的不稳定性，所以在设计通信网络时，FCV 不仅要尽可能使布线简洁，而且还要考虑到通信网络的稳定性，因此整车通信网络技术也是 FCV 的关键技术之一。FCV 可采用功能强大的控制器局域网络（Controller Area Network，CAN）和局部互联网（Local Interconnect Network，LIN）。CAN 总线用于控制系统的通信网络，而 LIN 可以作为 CAN 总线之外的辅助模块。整车通信网络结构如图 4-20 所示。

5. 增湿系统

作为 FCV 的核心部件，FC 运行时，其质子交换膜需要在湿润条件下才可保持良好的传导性，从而使 FC 获得良好的工作性能，提高转化效率。膜增湿器作为关键零部件之一，主要起调节湿度和温度的作用。为了防止膜脱水而降低电池性能及工作寿命，输入的燃料和氧化剂都需要进行增湿处理。虽然膜的水含量越高，膜具有越强的离子传导力，但是如果内部积水过多，会造成催化剂被水淹渍而失去活性，还会形成二相流，造成局部阻塞，从而减弱或阻断 H_2、O_2 的扩散，并阻碍质子传导，进而影响 FC 的工作。反之，如果水含量降低，交换膜电阻会增大，造成高电流密度时的欧姆损失，如果膜进一步脱水甚至干枯，催化层活

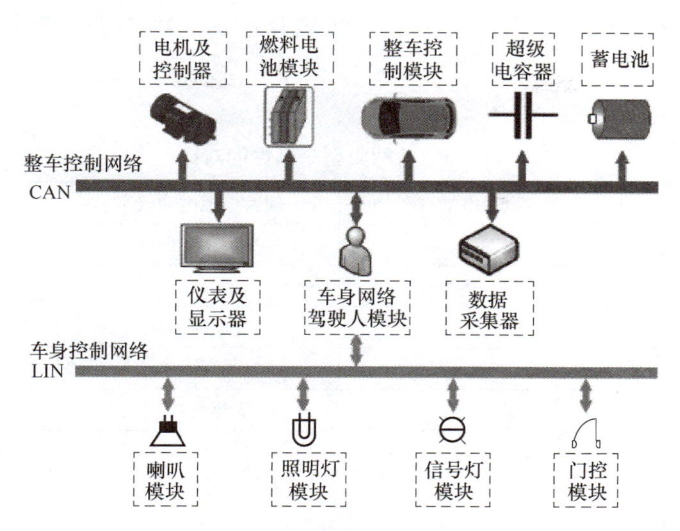

图 4-20 整车通信网络结构

性将进一步降低，电化学反应不能进行，甚至会造成膜破裂，导致 H_2 和 O_2 混合而爆炸。因此 FC 必须保持交换膜的湿润性，在 FC 系统中增湿控制也显得至关重要。

6. 车载供氢系统

供氢系统的作用是给 FC 提供持续稳定的燃料供给，对进入电堆参加反应的氢气压力和湿度进行调节，保证整个系统的安全可靠。它主要由氢气供给比例阀、氢气循环泵及其他一系列部件和管路组成。FC 正常工作时，电堆内部的电磁阀周期性地开闭，将电堆内多余的氢气从排废管路中吹扫出去，保证氢浓度在安全范围。

燃料电池电动汽车优势的认识

【实施条件】

实施要求：燃料电池电动汽车技术性能良好，工作正常。

实施时间：按照教学计划的安排，了解燃料电池电动汽车的结构和特点。

教学要求：根据新能源汽车专业的学生数量，将学生分成若干小组，每小组 5 人。使用燃料电池电动汽车时，指导教师应先讲解并现场演示，学生再动手操作。

【实施步骤】

与内燃机汽车相比，FCV 具有经济性好、环保等优势；与纯电动汽车相比，FCV 具有续驶能力强、动力性好等优势，具体表现如下：

1）效率高：由于 FC 是通过电化学反应产生的电能，因此不受热力学的卡诺循环限制，可以高效地进行能量转换。

2）续驶里程长：理论上，只要输入的燃料不间断，FCV 就可以一直续驶下去。

3）绿色环保：常见的燃料电池是以纯氢作为燃料，生成物只有水，不会排放污染环境的碳化物、硫化物、烟尘微粒等。

4）低噪声：燃料电池属于静态能量转换设备，与传统内燃机相比，噪声和振动都较小。

各种类型车辆性能对比见表4-3。

表4-3 各种类型车辆性能对比

项目	燃料电池电动汽车	锂蓄电池电动汽车	传统燃油汽车
效率	高	中	低
续驶里程/km	300～500	150～250	300～500
能源供应	3min	充电时间长	3min
噪声	小	小	大
环境友好	绿色环保	无尾气排放	尾气污染

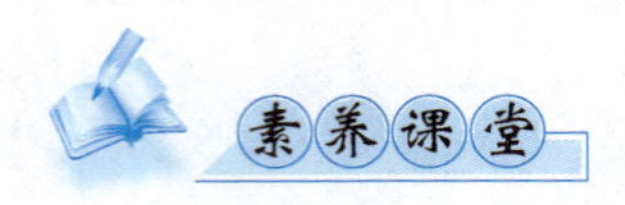

“中国燃料电池电动汽车之父”万钢

2000年，万钢教授向中国国务院提出了“开发洁净能源轿车，实现中国汽车工业跨越式发展”的建议。2000年底，在德国留学和工作多年的万钢教授回到中国，被中国科技部聘任为国家863计划电动汽车重大专项首席科学家、总体组组长，并作为第一课题负责人承担了其中技术最为复杂、任务最为繁重的燃料电池轿车项目。他确立了“三纵三横”（燃料电池电动汽车、混合动力电动汽车、纯电动汽车三种整车技术为“三纵”，多能源动力总成系统、驱动电机、动力蓄电池三种关键技术为“三横”）的中国电动汽车研发布局。经过几年的努力，中国燃料电池电动汽车的研发取得了快速的进步。

2003年，万钢教授带领同济大学燃料电池电动汽车研发团队，成功研制出中国第一辆燃料电池电动轿车“超越一号”，并开始示范运行。这是中国电动汽车历史上的一个里程碑。该车搭载了国内自主研制的30kW质子交换膜燃料电池，采用高压氢气作为燃料。至2004年底，在第一代车型的基础上，又相继推出了“超越二号”和“超越三号”。2008年，超越系列的后续车型作为奥运会用车亮相在北京，圆了中国人的清洁汽车之梦。

在电动汽车的研发和普及方面，中国也有很多的“大动作”。在2008年北京奥运会上，共有55辆纯电动大客车、25辆混合动力电动客车、75辆混合动力电动轿车、20辆燃料电池电动轿车、3辆燃料电池电动城市客车以及320多辆各类纯电动场地车，共计500辆新能源车为“绿色奥运”服务。在2010年的上海世博会期间，又有超过1000辆的新能源汽车为世博会服务，其中约300辆车为超级电容器纯电动汽车，200辆为燃料电池电动汽车。它们将在园区内服务，实现零碳排放。

摘自王玉彪、郭海龙主编的机工版《新能源汽车技术发展导论》

本模块介绍了解燃料电池电动汽车的分类和工作原理，燃料电池结构与特点、工作原

理，能提高读者对相关知识的理解，使读者知道本模块的重要性，激发学习兴趣。

【填空题】

1. 整车控制系统是燃料电池电动汽车的控制核心，由燃料电池管理系统、蓄电池管理系统、驱动电机________等组成，它一方面接收来自驾驶人的需求信息（如点火开关、加速踏板、制动踏板、档位位置信号等）实现整车________控制；另一方面基于反馈的实际工况（车速、制动、电机转速等）以及__________的状况（燃料电池及动力蓄电池的电压、电流等），根据预先设定好的多能源控制策略进行______分配调节控制。

2. 作为新型能源的燃料电池（Fuel Cell，FC）被认为是最有前途的技术之一。燃料电池电动汽车（Fuel Cell Vehicle，FCV）是用燃料电池作为核心______的电动汽车。相比传统汽车，FCV 具有对环境零污染、续驶里程长和______补给时间短等优点，FCV 的广泛应用可以节约化石能源、减少环境污染，它是未来汽车工业绿色、可持续发展的______方向之一，也是汽车行业在解决全球环境和______问题等方面最理想的方案之一。

【问答题】

1. 请简述燃料电池电动汽车的工作原理。
2. 请简述燃料电池的结构与特点。
3. 请简述燃料电池的工作原理。

模块五

混合动力电动汽车

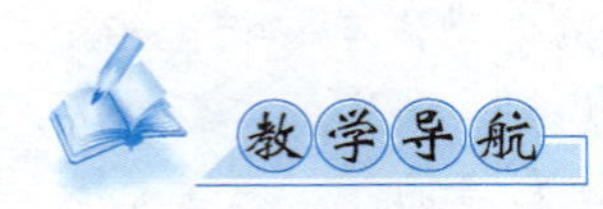

【教学目标】

通过本模块的学习，读者能够熟悉混合动力电动汽车的分类，掌握插电式混合动力电动汽车结构、工作原理和动力技术路线特点，掌握增程式电动汽车结构和工作原理。

【教学要求】

知识目标：

1. 了解插电式混合动力电动汽车。
2. 掌握插电式混合动力电动汽车的结构和工作原理。
3. 掌握插电式混合动力电动汽车动力技术路线特点。
4. 掌握增程式电动汽车结构和工作原理。

技能目标：

3 种典型插电式混合动力系统认知。

【引言】

插电式混合动力电动汽车是可以利用外部电网对动力蓄电池进行充电的混合动力电动汽车。其特点是可使用纯电动模式驱动汽车行驶，且纯电动模式下的续驶里程较长。在纯电动汽车续驶里程内，汽车以纯电动模式行驶，当动力蓄电池能量不足时，发动机起动，汽车以混合动力模式行驶，发动机起续驶里程作用。插电式混合动力电动汽车一般都配备有车载充电机，可以使用家用电源为动力蓄电池充电，也可以使用外部充电设施充电。

增程式电动汽车搭载发动机、驱动电机以及动力蓄电池等，动力输出一直由驱动电机完成，发动机不参与动力输出，而是通过与发电机组成增程器用于发电为驱动电机提供电能。增程式电动汽车一直保持纯电驱动行驶状态，并由动力蓄电池提供电能，当电量不足时，增程器可为动力蓄电池进行充电，也能够直接为驱动电机提供电能。

通过本模块的学习，读者可以全面了解混合动力电动汽车的基本结构和工作原理。

插电式混合动力电动汽车是可以直接由外接电源充电的重度混合动力电动汽车，而且动

力蓄电池容量较大，可以靠纯电力驱动行驶较远的距离，因此其对内燃机的依赖较少。在插电式混合动力电动汽车中，电机是主要的动力源，而内燃机作为备用动力，当动力蓄电池能量消耗到一定的程度或电机不能提供所需动力时汽车才起动内燃机以混合动力模式行驶并适时向动力蓄电池充电。

增程式电动汽车是在纯电动汽车上加装一套内燃机作为电力源的充电系统，其目的是减少汽车的污染，提高纯电动汽车的行驶里程。

5.1 插电式混合动力电动汽车

插电式混合动力电动汽车与增程式电动汽车虽然都属于可充电的混合动力电动汽车，但是它们之间却有本质的区别。插电式混合动力电动汽车是在重度混合动力电动汽车的基础上，再增加配置动力蓄电池和充电接口，使用者可获得更多的纯电行驶里程；增程式电动汽车是在纯电动汽车的基础上，装备一个小型的辅助发动机组，以备动力蓄电池电量不足时为动力蓄电池充电。新能源汽车的工作过程中动力蓄电池有以下 3 种充电模式：第 1 种是内燃机的机械能通过电机系统转化为电能输入动力蓄电池；第 2 种是车辆减速，通过电机（此时电机将作为发电机）将车辆的动能转化为电能输入动力蓄电池（即能量回收）；第 3 种是通过车载充电机或外部充电桩，将外部电源的电能输入动力蓄电池。

5.1.1 插电式混合动力电动汽车分类

按照电机驱动功率占整车功率的比例（亦可称为混合度），一般可将混合动力电动汽车分成 4 种类型：①微度混合动力，混合度在 5% 以内；②轻度混合动力，一般混合度在 20% 左右；③中度混合动力，混合度可达 30% ~ 40%；④重度混合动力，混合度达 40% 以上。上述 4 种混合动力电动汽车类型，随着混合度的增强，所需电机功率和动力蓄电池包电能亦增大，节能减排的效果越好。按照驱动系统结构的不同，可以将混合动力分成以下 3 种类型。

1. 串联式插电式混合动力

串联式插电式混合动力，亦称为增程式。串联式 PHEV 示意图如图 5-1 所示，发动机不直接驱动汽车，需要先由发动机驱动发电机来发电，再供电机来驱动汽车，能量传递链较长，总体效率不高。目前代表车型有宝马 i3 增程式和广汽传祺增程式。

2. 并联式插电式混合动力

并联式 PHEV 示意图如图 5-2 所示，并联式 PHEV 发动机和电机均可驱动汽车，动力传动模式较多，动力性较好，结构简单，应用广泛，目前代表车型有比亚迪秦/唐、长安逸动 PHEV、奇瑞艾瑞泽 PHEV、宝马 530Le、奔驰 S500eL、奥迪 Q7e-tron、索纳塔 PHEV 等。

3. 混联式插电式混合动力

混联式插电式混合动力，又可称为动力分流式。混联式 PHEV 示意图如图 5-3 所示，一般需要 2 台电机（一台发电机和一台电动机），同时需要一套用于动力分流的行星齿轮装置。该类型的结构和控制最为复杂，目前只有非常少数的制造商具备生产和制造该类型产品的能力，且存在一定的专利壁垒，代表车型有丰田普锐斯和三菱欧蓝德等。

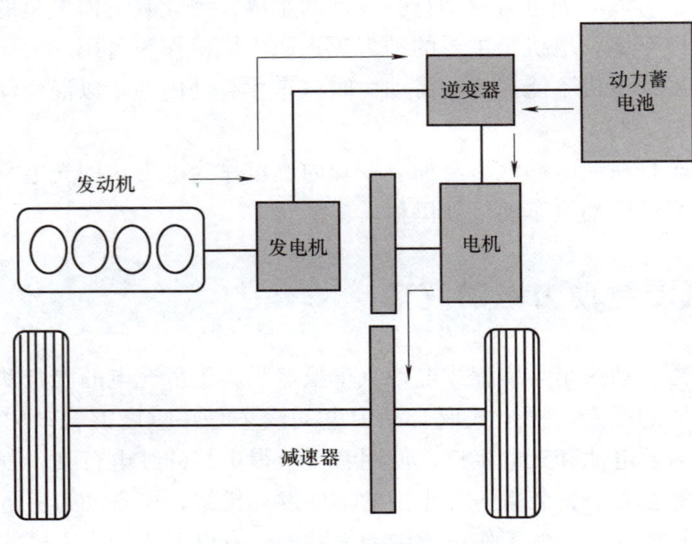

图 5-1　串联式 PHEV 示意图

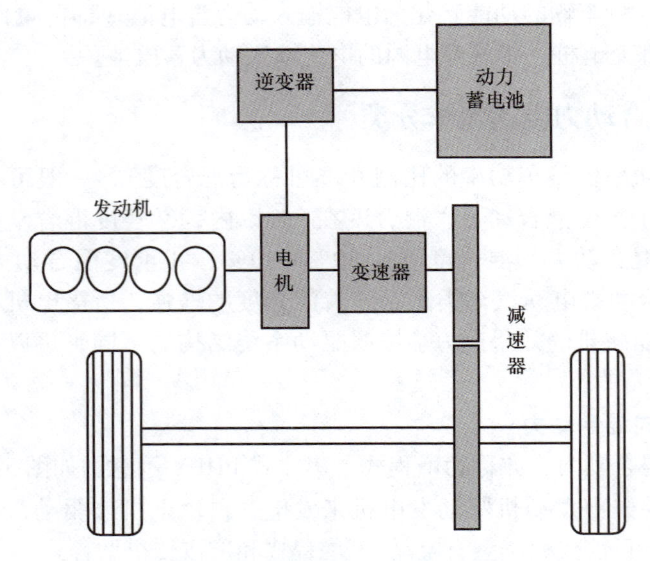

图 5-2　并联式 PHEV 示意图

5.1.2　插电式混合动力电动汽车的结构和工作原理

与传统的混合动力汽车主要能量来源与燃料不同，插电式混合动力电动汽车（PHEV）主要使用电能运行，而发动机只是作为辅助动力系统，因此，车辆对燃油的依赖性大大减少，更加环保和节能。当然，插电式混合动力电动汽车的驱动力主要也包括两个来源，即电机和内燃机，它们可以单独或一起给车辆提供动力。动力蓄电池的能量主要来自公共电网，充电后的动力蓄电池组给电机供电实现车辆运转，PHEV 在城区工况行驶且车速低于 40km/h 时或在车辆滑行状态，车辆完全以电力驱动，而当动力蓄电池电量低于某一标准值或在加

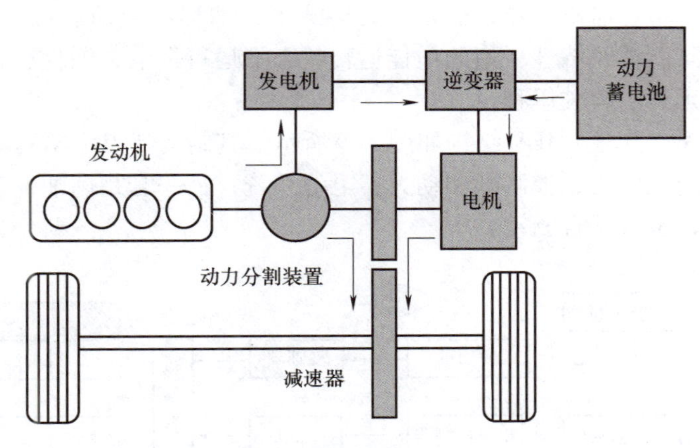

图 5-3　混联式 PHEV 示意图

速、爬坡行驶状态等大负荷需求情况下，发动机开始工作，以提供额外的动力维持车辆的行驶，PHEV 一般带有制动能量回收装置，使制动能量转换成电力储存在动力蓄电池中，从而进一步降低油耗。PHEV 的动力蓄电池容量一般可达 6～10kWh，是纯电动汽车动力蓄电池容量的 30%～50%，是一般混合动力汽车动力蓄电池容量的 3～5 倍。虽然 PHEV 的购买价格较传统轿车和混合动力轿车略高（目前约为 1.2 倍），但由于外接动力蓄电池的高容量和制动能量回收等新技术的应用，使得车辆在城区内行驶可以基本实现零排放，燃油经济性也比普通汽车提高了 2～5 倍。

1. PHEV 的类型

插电式混合动力电动汽车具有诸多特点，与混合动力汽车类似，也分为多种类型，按动力系统结构形式不同可分为串联 PHEV、并联 PHEV 和混联 PHEV。

(1) 串联 PHEV　串联 PHEV 通常称为增程式电动汽车，串联 PHEV 结构如图 5-4 所示。其结构特点为“纯电动 + 增程器”，汽车车轮仅由电机独立驱动，增程器可以是发动机-发电机组，发动机-发电机组发电直接供给电机驱动汽车，同时发出的多余电量给动力蓄电池包充电，增程器还可以是燃料电池等。

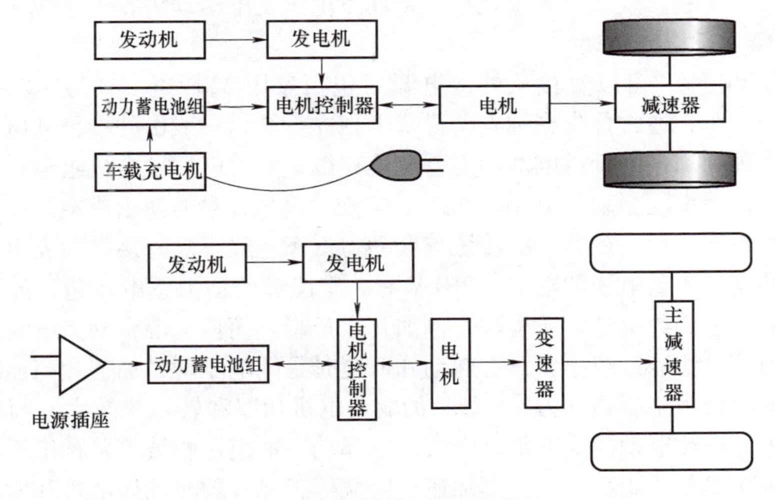

图 5-4　串联 PHEV 结构

纯电动模式下，增程器不工作，混合动力模式下，增程器起动运行，发动机-发电机组可以保持在发电量与燃油经济性平衡的最佳运转状态下运行发电，油耗小，发动机排放污染少，经济效益好，延长了续驶里程。

（2）并联PHEV　并联PHEV结构如图5-5所示。其结构特点为两套动力源通过耦合器驱动汽车车轮，一套是电机、控制器和动力蓄电池系统；另一套是燃油发动机。两套动力系统可分别单独运行，也可混合驱动。

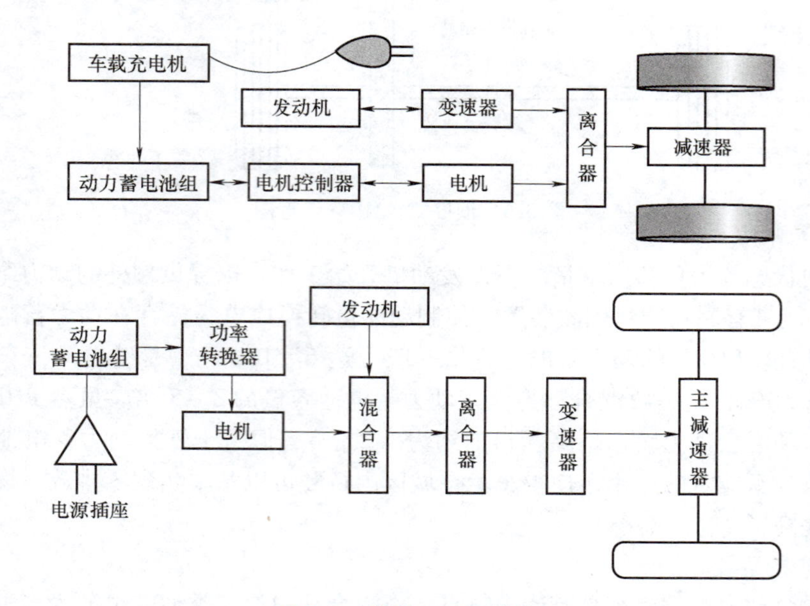

图5-5　并联PHEV结构

（3）混联PHEV　混联PHEV结构的特点是既有串联也有并联，兼顾了串联与并联的优点，但结构较为复杂。混联PHEV行驶时优先使用纯电动模式，在动力蓄电池包的荷电状态降到一定限值时，切换到混合动力模式下行驶。在混合动力模式下，起动、低速时使用串联系统的发电机发电，电机驱动汽车车轮行驶，加速、爬坡、高速时使用并联系统，主要由发动机驱动汽车车轮行驶。发动机多余能量可带动发电机发电给动力蓄电池包充电。

2. PHEV特点及结构原理

PHEV动力蓄电池包可以直接从外接电源（包括家用220V电源）充电。从这点上看，它像一辆纯电动汽车，通常优先在纯电动模式下独立行驶，一般由外接公共电网电源充电补充电能。因此，可利用夜间低谷电对动力蓄电池充电，改善电厂发电机组运行效率的同时又节约能源，还可以减少混合动力电动汽车尾气排放，汽车日常的使用成本，净化城市空气质量，降低汽车对石油燃料的依赖。而传统混合动力汽车一般不能外接电源充电，要依赖车载燃料的消耗来补充动力蓄电池的电能。PHEV有一定能量的动力蓄电池包，能在纯电动模式下独立行驶，有一定的纯电动续航里程，例如几十千米。而传统混合动力电动汽车，即使是强混车型，动力蓄电池能量较小，只有起动和低速时是纯电驱动，加速和高速时发动机和电机共同驱动，发动机为主要驱动力。PHEV的驱动电机功率和转矩比较大，与纯电动汽车的电机相同或略小，在纯电动模式下足以完成汽车起动、加速、爬坡等各种工况行驶。传统混合动力汽车电机功率和转矩小，在汽车加速、爬坡等工况行驶时是靠电机和发动机共同完成的。PHEV 续驶里程长，可达 400～500km，在长途行驶状况下，优先在纯电动模式下行驶，在动力蓄电池包的荷电状态（SOC）降到一定限值时，切换到混合动力模式下行驶，发动机直接驱动。

汽车行驶或者拖动发电机发电供电机驱动汽车，并补充动力蓄电池电能。这使得它不依赖充电站停车充电，特别是在目前国内充电站设施不完备的情况下，可连续长途行驶，通常，即使在国内充电站设施分布密集的地区，电动汽车快速充电也需要几十分钟停车充电等待时间。这是插电式混合动力电动汽车最突出的优点，即它与传统汽车续驶里程相同。这也克服了纯电动汽车受动力蓄电池能量限制，续驶里程短的弊病。PHEV 结构如图 5-6 所示。

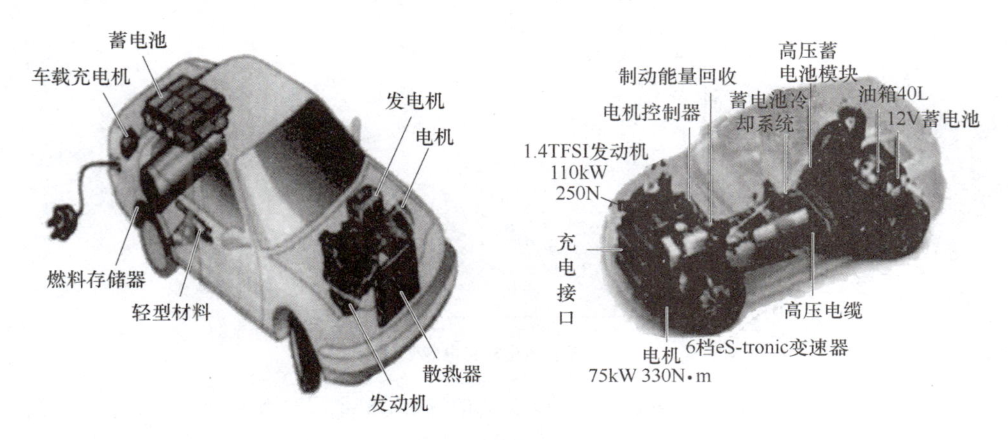

图 5-6　PHEV 结构

5.1.3　主流插电式混合动力技术路线分析

1. 主流插电式混合动力技术路线汇总

按照串联、并联、混联式 3 种混合动力方式进行车型数量汇总分析，数量汇总对比如图 5-7 所示。采用并联式的车型最多，共有 12 款，而采用混联式和串联式的车型较少，分别为 6 款和 3 款。可知目前并联式是较为主流的技术路线，较多车企选择该技术路线来开发插电式混合动力电动汽车。

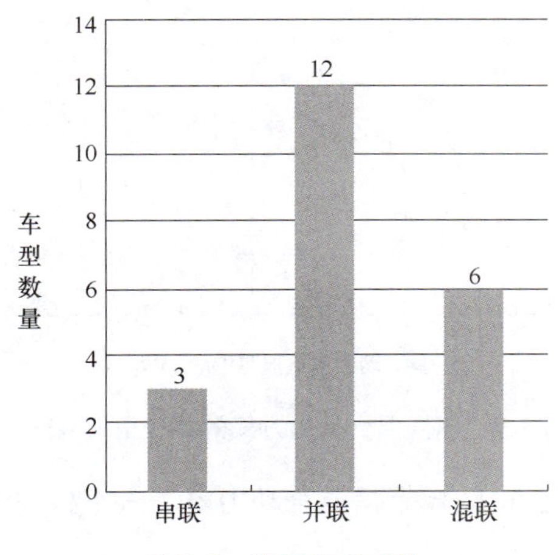

图 5-7　数量汇总对比

2. 插电式混合动力电动汽车车型产品特性分析

对插电式混合动力电动汽车车型而言，比较关键的产品特性有：纯电续驶里程、综合百公里油耗和动力性等。

图5-8给出了不同混合动力方式的纯电续驶里程对比。尽管不同车型和不同技术路线下的蓄电池包电能不同，但纯电续驶里程基本与动力蓄电池电量正相关。一般为了达到国家针对插电式混合动力电动汽车补贴要求（即纯电续驶里程需大于50km），插电式混合动力电动汽车的电能大多为12～14kWh。

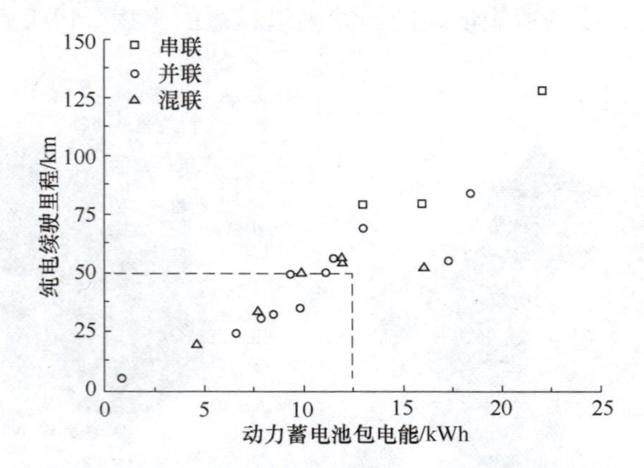

图5-8 不同混合动力方式的纯电续驶里程对比

不同混合动力方式的百公里油耗对比如图5-9所示。不同串联、并联和混联式插电混合动力电动汽车的综合百公里油耗与动力蓄电池包电能负相关，即动力蓄电池包电能越大，综合百公里油耗越低；为了实现插电式混合动力电动汽车的综合百公里油耗低于2L，动力蓄电池包电能一般大于10kWh。

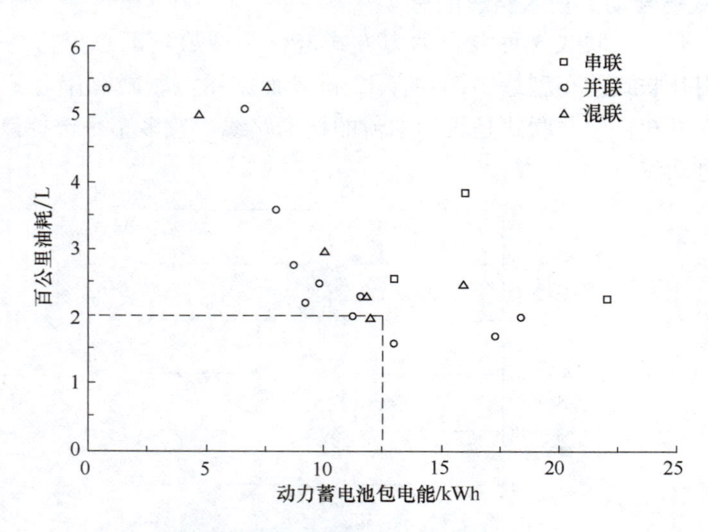

图5-9 不同混合动力方式的百公里油耗对比

综合纯电续驶里程和百公里油耗等是混合动力电动汽车核心参数，为满足我国现行补贴要求和纯电使用便利性，相应车型所需具备的动力蓄电池包电能至少要为 10kWh，一般多为 12～14kWh。以百公里加速时间来评价动力性，百公里加速时间越小，动力性越好。图 5-10给出了不同混合动力方式的百公里加速时间对比。在串联式插电混合动力电动汽车中，由于只有一台驱动电机，动力性较差，百公里加速时间基本大于 7s；在并联式插电混合动力电动汽车中，同时具有发动机和电机双动力源，动力总和较大，动力性较好；混联式插电混合动力电动汽车中，同样具有发动机和电机双动力源，动力总和较大，动力性较好。

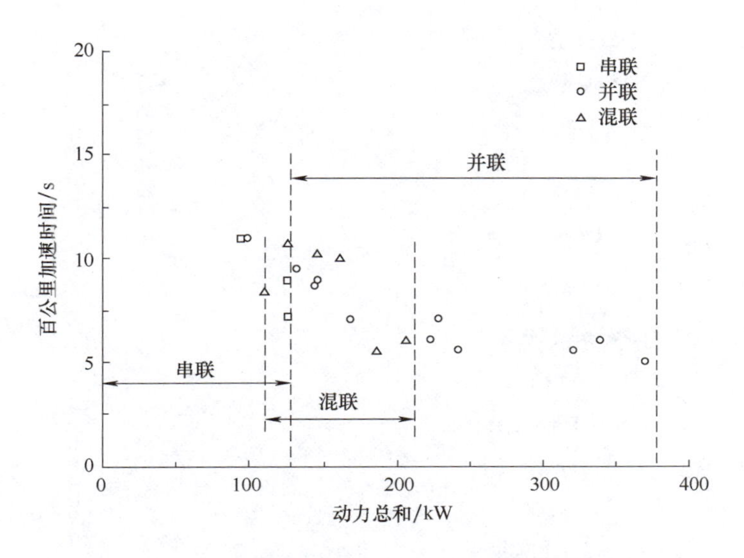

图 5-10　不同混合动力方式的百公里加速时间对比

5.2　插电式混合动力电动汽车动力性能仿真测试

动力性能包括最高车速、原地起步加速时间、最大爬坡度。在此只测试该车的前两项动力性能评价指标。advisor 中的加速性能测试程序可以确定当前汽车的最高车速。在仿真参数界面选择 Test Procedure 下拉菜单中的 TEST_ACCEL，单击运行，便可弹出最大行驶速度关系图，如图 5-11 所示。

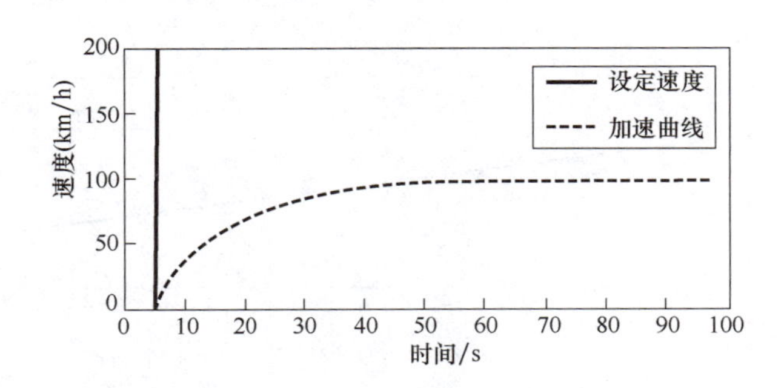

图 5-11　最大行驶速度关系图

由图5-11可知，该车型最大车速为100km/h左右。市区限速一般为70km/h，满足日常动力需求。

在仿真参数界面选择Test Procedure下拉菜单中的TEST_GRADE，单击运行，便可弹出参数选择界面图和车辆仿真结果图，如图5-12和图5-13所示。由图5-13可知，当所有系统启动时，车速在55km/h情况下，该车型所能爬上的坡度为18%。城市道路一般坡度不大于5%，所以动力性能满足日常城市道路行驶要求。

Test Conditions

Basic Parameters	Units	Value
☑ Grade	%	18
☑ Speed	mph	55
☑ Duration	s	10
☐ Gear Number	–	1

Enable/Disable Systems

- ◉ All Systems Enabled
- ○ Energy Storage Disabled
- ○ Fuel Converter Disabl...

☐ Initial SOC	–	0.6
☐ Minimum SOC	–	0.4

图5-12 参数选择界面图

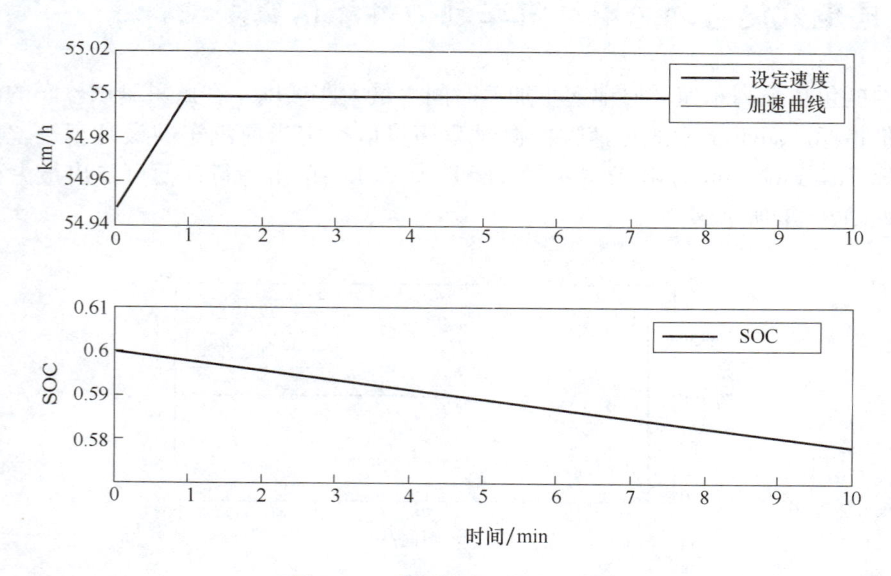

图5-13 车辆仿真测试结果图

5.3　增程式电动汽车

5.3.1　增程式电动汽车概述

增程式电动汽车（Extended Range Electric Vehicle，EREV）是一种在纯电动汽车基础上增加一个增程器，将增程器与电动汽车电控系统有机组合，延长其续驶里程的一种新型电动汽车。增程式电动汽车通常搭载由动力蓄电池和一个由“内燃机＋发电机”组成的辅助动力系统（车载发电机组，又称增程器，简称APU）。增程式电动汽车与纯电动汽车和串联式混合动力电动汽车一样采用纯电驱动的方式工作，与插电式混合动力电动汽车一样可以外接插电。

5.3.2　增程式电动汽车的结构和工作原理

1. 增程式电动汽车动力系统结构

增程式电动汽车动力系统结构如图5-14所示。其主要由动力蓄电池、增程器（APU）及驱动电机等组成。其中，动力蓄电池和增程器并联，通过功率转换器向驱动电机输出功率；动力蓄电池作为主要动力源要保证车辆的动力性能、吸收制动回馈能量和提供一定的蓄电池纯电动续驶里程。驱动电机将电能转化为机械能，通过传动装置将转矩传至车轮；驱动电机应具有制动再生功能，当车辆制动时，将机械能转化为电能，输送到动力蓄电池。

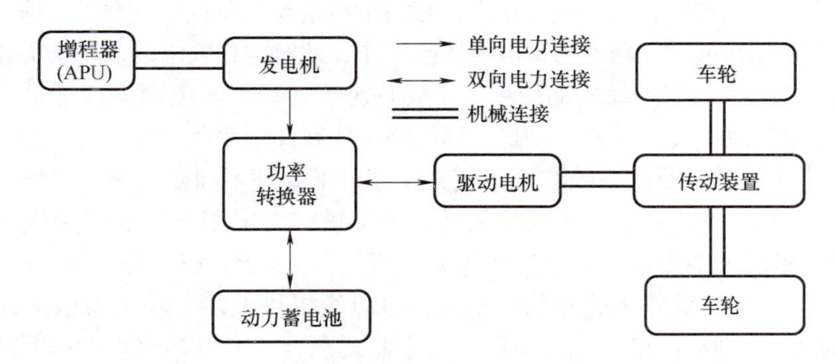

图5-14　增程式电动汽车动力系统结构

2. 增程器的组成及其工作原理

高效增程器作为新能源汽车重要的动力组成部分，主要由增程器控制器（RECU）、发动机、发动机管理系统（EMS）、起动发电一体化电机（ISG）、发电机控制器（GCU）5部分组成，增程器简图如图5-15所示。

（1）增程器控制器（RECU）　增程器控制器（RECU）是控制整套增程器系统的大脑，它接受整车控制器（VCU）的指令，根据VCU的发电功率请求，增程器控制器（RECU）给发动机管理系统（EMS）及发电机控制器（GCU）发送转速和转矩需求，发动机与发电机根据各自的控制器的指令进行工作，增程器控制器（RECU）对发动机管理系统（EMS）和起动发电一体化电机（ISG）的运行状况进行实时监控，并发送实时的调整指令，通过执行器实现工况的运行，保证系统的安全可靠。

（2）发动机管理系统（EMS） 发动机管理系统是发动机运行控制的大脑，它运行时接收发动机上所有发送的信息，还接收增程器控制器的指令，将这些信息分析处理后，通过控制相应的执行器来调整发动机的运行状态，能确保发动机的稳定运行；同时满足排放、经济性和动力性要求。发动机管理系统（EMS）运算速度快，可以瞬间测定发动机工况，并根据发动机运行工况和控制 MAP 图迅速响应，控制各执行器正常运行。

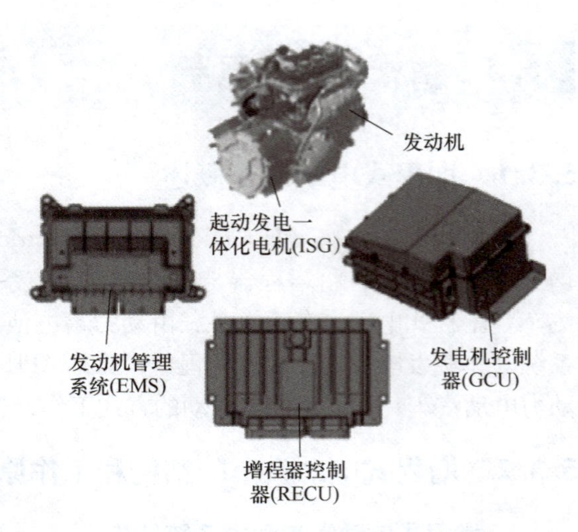

图 5-15　增程器结构简图

（3）ISG 及发电机控制器（GCU） ISG 采用永磁同步电机，它根据发动机后端面结构，根据发动机高效 MAP 深度拟合的电机设计，使电机的运行处于高效区。发电机控制器（GCU）根据增程器控制器的 CAN 指令，可以对电机实现恒转速或者恒转矩控制，通过增程器系统优化匹配，调整各功率点的转速、转矩 MAP，使 ISG 和 GCU 在指定工况下高效率运行。

3. 增程式电动汽车的工作原理

增程式电动汽车在动力蓄电池充满电的初期行驶阶段，整车的需求功率完全由动力蓄电池提供，发动机不参与工作时，增程式电动汽车相当于纯电动汽车；当动力蓄电池组的能量消耗到一定程度时，发动机起动，与动力蓄电池协同工作，此时增程式电动汽车动力蓄电池成本大幅度下降；增程式电动汽车发动机的使用，主要是为了在动力蓄电池电量不足时延长续驶里程，发动机不直接驱动车轮，因此发动机可以始终工作在高效率区，发动机的功率显著降低。

增程式电动汽车可以通过系统的设定使其按照以下 3 种不同模式进行工作：

1）纯电动汽车工作模式。该模式使用外部充电桩或者家用电源插座为汽车充电，在动力蓄电池组的容量范围内车辆采用纯电动模式运行，与纯电动汽车相同。

2）混合动力模式。该模式完全依靠车载发电机组提供电能，动力蓄电池起到储能、车辆起步、加速助力和制动能量回收的作用，与串联式混合动力电动汽车工作原理相同。该模式另一个优点就是在特殊情况下，外部无法为汽车提供电能补充时，此工作模式能够保证车辆正常行驶。该模式下节油率为 20%～30%。

3）插电工作模式。该模式晚上充电桩充电，白天有计划地使用动力蓄电池能量，降低燃油发动机动力，显著提高节油率，同时具有起动助力和制动能量回收功能，可使节油率达 50% 以上。

通过对增程式电动汽车 3 种工作模式进行分析，可以看出增程式电动汽车完全不同于纯电动汽车和串联式混合动力电动汽车（非插电式），它所具有的 3 种工作模式正是与纯电动汽车和串联式混合动力电动汽车（非插电式）的不同之处。

5.3.3　增程式电动汽车与混合电动汽车的差异

增程式电动汽车（EREV）实际上是在纯电动汽车的基础上增加 1 个 RE 延长电动汽车的续驶里程。增程式电动汽车动力系统结构如图 5-16 所示。

其中，单实线表示电气部分之间的电气连接，双实线表示部件之间的机械连接，虚线表

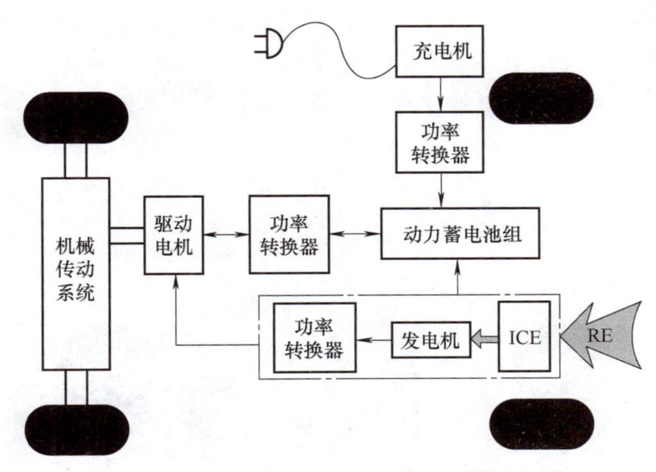

图 5-16　增程式电动汽车动力系统结构

示 RE 单元。电机用来驱动汽车车轮，车载动力蓄电池为电机供电，而 RE 在动力蓄电池电量低于一定值时为汽车提供动力，从而延长行驶里程。

插电式混合动力电动汽车与 EREV 的工作模式非常类似，两者都可以由动力蓄电池单独输入以行驶在纯电动模式下，且当动力蓄电池容量接近设定的下限后都转由另外一种动力源继续提供汽车所需的能量，但两者在工作机理上有着本质的区别。

从驱动的角度分析，EREV 无论工作在纯电动模式还是增程模式下，其车轮始终仅由电机独立驱动；插电式混合动力电动汽车如果工作在混合动力模式下，则发动机要和电机一起驱动车轮，这个过程需要复杂的动力耦合。

从系统选型的角度分析，EREV 必须是串联式混合动力型，而插电式混合动力电动汽车可以是并联式混合动力型，也可以是混联式混合动力型。

从性能的角度分析，只有 EREV 才可以发挥出纯电动汽车的最大潜力。EREV 的动力蓄电池以及驱动系统需要在驱动系统设计之初非常好地匹配，这样才能到达既定的性能指标（如最高车速、最大爬坡度及目标续驶里程等），RE 的存在与否不影响整车的设计性能。而插电式混合动力电动汽车因为发动机也参与驱动，对蓄电池与驱动系统的匹配要求都不会很高。

从电气化程度的角度分析，EREV 的电气化程度更高，具体的表现就是电功率占总输出功率的百分比为 100%，而插电式混合动力电动汽车则明显达不到 100%。

EREV 在没有布置 RE 之前就是一台纯电动汽车。增加 1 个 RE 基本不会影响原有的动力系统结构。混合动力电动汽车由于存在两套独立的驱动装置，结构上要比 EREV 复杂不少，成本略高。要确定一辆电动汽车到底是混合动力电动汽车还是 EREV，应看这两辆汽车的增程系统（主要针对内燃机和发电机而言）是否与车轮直接机械连接。

3 种典型插电式混合动力系统认识

【实施条件】

实施要求：插电式混合动力电动汽车技术性能良好，工作正常。

实施时间：按照教学计划的安排，了解混合动力电动汽车的结构和特点。

教学要求：根据新能源汽车专业的学生数量将学生分成若干小组，每小组5人使用一辆混合动力电动汽车，指导教师先讲解并现场演示，学生再动手操作。

【实施步骤】

插电式混合动力电动汽车的动力系统有串联、并联和混联3种常见类型，3种典型的插电式混合动力系统结构如图5-17所示。

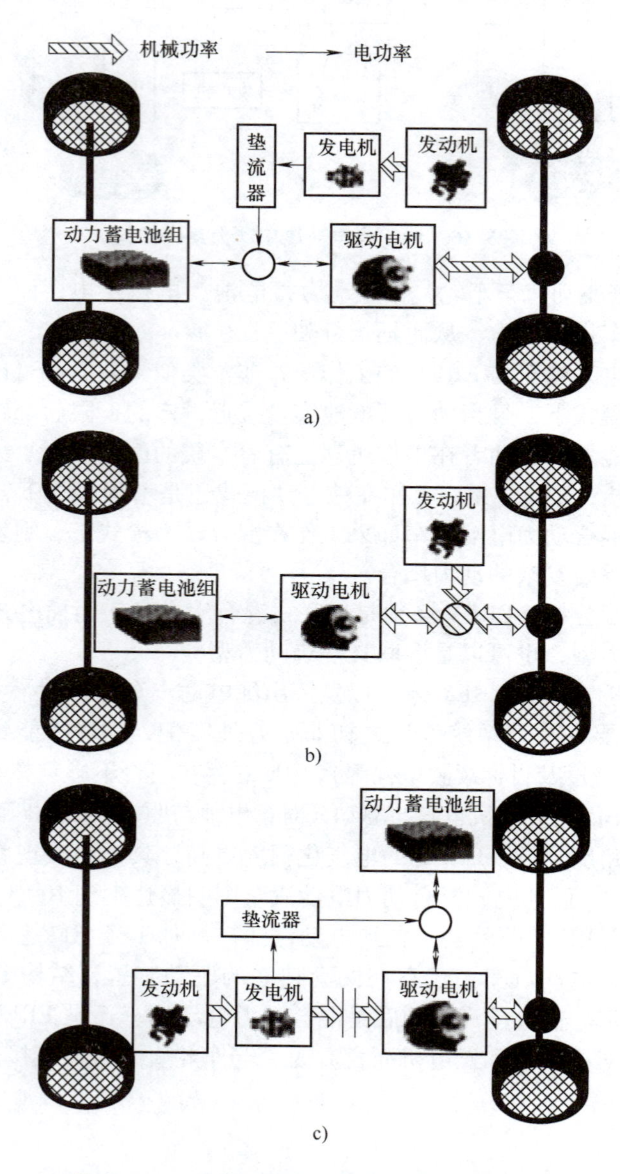

图5-17　3种典型的插电式混合动力系统结构

a）串联式结构　b）并联式结构　c）混联式结构

与传统内燃机汽车相比，插电式混合动力电动汽车具有两个车载能量源，即动力蓄电池系统和内燃机系统。由动力蓄电池和驱动电机组成的电驱动系统的介入引发了传统动力传动系统结构和工作原理的本质变化，即由单一的内燃机动力源变成机电耦合动力源，由单一的对外能量输出变成驱动与制动双向能量传递。对于串联式结构，发动机不直接参与驱动，其主要作用是在必要时拖动发电机发电为动力蓄电池充电，也可直接为驱动电机提供电能；与串联式结构采用将机械能转化为电能使用的方式不同，并联式结构通过机械力矩耦合直接让发动机参与车辆驱动，减少了发电效率损失，其缺陷是在城市工况下，由于频繁制动与加速，负载变化引起发动机工作点来回切换，动态油耗较高；混联式结构则有效整合了串、并联结构的优势，发动机可以根据控制策略的要求选择直接参与车辆驱动或者拖动发电机发电，也可以在直接参与驱动的同时，利用发电机发电产生负载力矩来调节发动机的工作点。

全球第一款不依赖专业充电站的双模电动汽车

比亚迪发布混动车型 F3DM 距今已过去 10 多个年头，比亚迪 F3DM 如图 5-18 所示。2009 年 F3DM 获年度最佳环保节能和中国节能行业杰出贡献奖，更重要的是，F3DM 是全球第一款上市的不依赖专业充电站的双模电动汽车。

F3DM 可以在纯电动（EV）和混合动力（HEV）这两种模式之间自由切换。这种技术的好处显而易见，纯电动模式下即实现了零排放，混合动力的排放标准也将远远优于欧Ⅳ标准。

图 5-18 比亚迪 F3DM

F3DM 双模电动汽车使用的铁电池，原材料广泛、无污染、可回收，其耐热性、抗压性都已经通过国家测试。

第一代：F3DM，这是最为经典的双模式车 DM1 技术，一半是燃油，一半是电动，这是比亚迪的尝试，当总体的销量达到一定范围时就进行第二代 DM 技术的研发。

第二代：秦、唐、宋的 DM2，在充分发挥纯电特性的基础上，继续以 P3 和 P3 + P4 的架构为基础，增大蓄电池的续驶里程，围绕纯电的特性（从 50km 做到了 80km 和 100km）做技术改进，主要考虑点是围绕着加速特性，虽然这个阶段比亚迪的 B 阶段油耗表现一般，但至少证明比亚迪第一阶段的冲刺是成功的，有了技术上的积累。比亚迪的秦、唐、宋在核心城市市场表现优异。

第三代：按照新的技术，这一代的 DM3 技术较于 DM2 新增了高压的 BSG 电机，多了四个充电模式，主要是根据测试得到的工况，选择不同的发电路径。通过优化控制策略和增加 BSG 电机，DM3 提升了硬件，油耗也有了很大的改善，这是提高 DM3 车型燃油经济性的关键设计。

摘自王玉彪、郭海龙主编的机工版《新能源汽车技术发展导论》

小结

本模块通过了解混合动力电动汽车的分类、插电式混合动力电动汽车和增程式电动汽车结构和工作原理，使读者初步了解混合动力电动汽车的特点和技术路线，熟悉混合动力电动汽车技术，通过现场了解混合动力电动汽车的工作情况，使读者知道本模块的重要性，激发学习兴趣。

习题及思考题

【填空题】

1. 混联PHEV结构的特点是既有串联也有并联，兼顾了串联与并联的优点，但结构较为复杂。混联PHEV行驶时优先使用________模式，在动力蓄电池包的________状态降到一定限值时，切换到混合动力模式下行驶。在混合动力模式下，起动、低速时使用________的发电机发电，电机驱动汽车车轮行驶，加速、爬坡、高速时使用并联系统，主要由________驱动汽车车轮行驶。

2. 增程器控制器（RECU）是控制整套________系统的大脑，它接受整车控制器（VCU）的指令，根据VCU的发电功率请求，增程器控制器（RECU）给________（EMS）及发电机控制器（GCU）发送转速和转矩需求，发动机与发电机根据各自的________的指令进行工作，增程器控制器（RECU）对发动机管理系统（EMS）和起动发电一体化电机（ISG）的运行状况进行实时监控，并发送实时的调整指令，通过________实现工况的运行，保证系统的安全可靠。

【问答题】

1. 简述插电式混合动力电动汽车分类。
2. 简述插电式混合动力电动汽车的结构和工作原理。
3. 论述增程式电动汽车的结构和工作原理。

模块六 充电系统

【教学目标】

通过对本模块的学习，读者能够熟悉电动汽车的充电设备，熟悉电动汽车的充电方法和充电方式，了解充电的相关标准、充电设施运营模式和充电基础设施发展目标。

【教学要求】

知识目标：

1. 了解电动汽车对充电设备的要求，掌握充电设备的类型以及充电机的基础知识和基本技能。
2. 熟悉电动汽车的充电方法和充电方式，了解充电注意事项。
3. 了解充电设施各种运营模式和特点。
4. 了解充电基础设施的发展目标。

技能目标：

新能源汽车充电操作。

【引言】

《关于加快电动汽车充电基础设施建设的指导意见》要求全面建设充电设施，完善充电设施体系和统一标准化。在政府政策扶持的大背景下，电动汽车的关键技术日益成熟和不断突破，我国电动汽车发展势头旺盛，潜力无限。

新能源汽车的大规模推广应用，催生了大量的公共充电需求，促进了充电服务行业的发展。对于充电设施建设运营企业而言，收益主要来自于利用自建或受托经营的公共和专用充电桩向各类电动汽车提供充电服务时收取的服务费用。通过预测未来各类电动汽车的保有量及充电量需求，可初步测算未来充电服务市场规模，这对于充电市场的有序发展具有一定参考意义。

通过对本模块的学习，读者可以较全面地了解电动汽车充电的基本知识和基本技能。

新能源汽车虽然是一个新兴产业，但是其发展速度非常快，这种快速发展的状态也带动

着充电设备产业的发展。据目前的市场情况来看，电动汽车充电桩的建设和运营管理还有着很大的发展空间，只有根据市场需求不断调整运营模式，才能够真正推动产业快速发展，实现经济效益。

6.1 电动汽车充电设备认识

电动汽车充电基础设施与燃油汽车的加油站作用类似，但也有其特点。首先，电动汽车的充电设备可以是公共的也可以是家用的，用户可以在公共充电站充电，也可以在自家车库为电动汽车充电，只要将电动汽车车载充电机的插头接到电源插座上即可；其次，电动汽车用户可以选择利用夜间低谷充电，这样电价就可以优惠；第三，电动汽车充电系统会给电力系统带来一些不利的影响，如谐波污染、低功率因数和高电流需求等。

6.1.1 电动汽车充电设备的要求

电动汽车充电过程中的安全问题涉及范围广阔，因素复杂，而且影响因素往往相互作用，同时发生，其主要包括对人身、汽车和周围设施等造成的损害。

1. 电动汽车充电安全现状

生态环境一直是我国重视的问题之一，随着近几年新能源汽车政策的出台，电动汽车行业开始迅猛发展。电动汽车的发展，能够解决汽车尾气排放问题，减少环境污染，同时电动汽车对于能源的消耗也更低，资源利用率高，因此电动汽车得到了社会各界的广泛认可。电动汽车的动力源是电能，相对内燃机，其在使用过程中造成的污染更小。电动汽车的不断发展，为我国生态环境的治理和交通行业的发展提供了相当可观的前景，推动了我国向着新能源社会的发展。电动汽车充电安全等级总共被划分为三级，根据安全问题结果的不同，来进行等级的评定。首先，第一安全等级指的是电动汽车充电对人造成的危险结果。第二安全等级指的是对充电设备周围环境造成的危害。第三安全等级指的是对充电设备自身所造成的危害。根据以上三点内容，可以确立起对电动汽车充电的预防措施，需要按照不同的情况提出相应防护措施，加强电动汽车充电的安全性。

2. 影响电动汽车充电安全的因素

（1）绝缘因素　电动汽车充电的绝缘性是电动汽车充电过程中安全问题的重要影响因素。良好的汽车绝缘性，能够充分保证电动汽车充电的安全性，有效保护人和电动汽车的充电设备。

（2）环境因素　电动汽车充电过程中的环境因素也是影响充电安全性的重要因素。所以要针对充电过程中的环境变化进行一些类似的防护措施，比如防水、防锈等措施，来减少金属元件因为长期暴露在空气中而出现绝缘性减弱的问题，保证充电安全，同时延长使用寿命。

（3）保护措施因素　需要对充电过程采取保护措施，并进行实时的监控与检测，对电动汽车自身以及充电设备的绝缘性进行监控，同时检查充电设备的功能是否发生故障。在发生故障时，保护机制应能立即对此做出反应，切断电源，从而避免对人体产生危害。在电动汽车充电的过程中，要检查充电设备是否出现绝缘材料老化脱落的问题，防止因此而产生触电的危险。保护措施能够防止在充电设备发生故障时对人体造成伤害。

（4）通信协议因素　采用直流电快充与慢充是有很大区别的，直流电快充能够在充电的过程中输出上千伏的电压，在如此高的电压下，必须要采取一定的措施来保证充电的安全性，否则会造成危险。因此需要对快速充电过程进行控制，采用比较可靠的通信协议，通过电子控制来干预充电的电压变化，从而提升电动汽车充电的安全性。

3. 充电设备的基本要求

充电设备良好的绝缘设计，不仅有利于其在充电过程中对人员进行保护，而且对预防充电设备短路故障以及保障充电汽车安全也具有重要的意义。绝缘设计主要包括外壳的防护能力、电气间隙和爬电距离、介电强度、绝缘电阻和冲击耐压等几个方面。充电设施建设过程中对于绝缘材料的选择应当充分考虑其介电性能，冲击耐压能力，耐热、耐潮、防腐性能及其机械强度，防止其绝缘丧失造成重大损害，必要时应对其进行加速老化试验得到其寿命曲线图，预防意外发生。同时，充电设施内部不同电路之间除考虑绝缘设计之外，也需考虑其电气间隙，防止发生过电压时击穿。

GB/T 20234. 1—2015 严格规范了电动汽车传导充电用连接装置的各项要求，包括其锁止装置、插拔力、防触电保护、接地措施、防护等级、绝缘电阻和介电强度、分断能力、温升、机械强度、使用寿命等，只要制造商严格按照标准规范生产，将大大减少事故发生的概率。

GB/T 29781—2013 中规定，监控系统即对充电站的供电情况、充电设备运行状态、环境监视及报警等信息进行采集，应用计算机及网络通信技术，实现站内设备的监视、控制和管理的系统。该标准第 8 节中详细说明了监控系统的构成以及各部分的性能。

6. 1. 2　电动汽车充电设备类型

从目前来看，缺乏公用充电设施以及自用充电设施正在成为电动汽车推广应用中的限制因素。同时，电动汽车由于续驶里程较低，其需要的充电次数一般明显多于普通汽车加油次数，且充电时间一般多于加油时间。为了最大限度发挥电动汽车减少环境污染的优势，推动电动汽车广泛使用，需要研发并合理地布置充电设施，使电动汽车能够方便、及时地补充电能。目前正在开发或者使用的电动汽车充电设施主要包括传导式充电（分散式充电桩和集中式充换电站）和非接触式充电（无线充电）。

1. 电动汽车分散式充电桩

分散式充电桩包括私人充电桩和公共充电桩。私人充电桩的建设位置固定，车桩按照 1∶1 配置，不需要规划。公共充电桩建设场所有居民区、办公区、商业区和休闲娱乐区等功能区的停车位。充电桩主要由桩体、电气模块、计量模块等组成，一般为交流式和直流式两种充电模式。

分散式充电桩主要有 3 个特点：

1）在建设用地方面，分散式充电设施不需要单独征地，在小区停车场、办公楼停车场等停车区域都可以建设，可充分利用空间资源。

2）在电网影响方面，分散充电设施主要由慢速充电桩组成，充电电流约为 15A，对电网的冲击比较小。

3）投资方面，分散式充电设施依靠停车场建设，不存在征地费用问题，并且对技术要求较低，容易实现，投资小。

2. 电动汽车集中式充换电站

电动汽车集中式充换电站是由3个及以上电动汽车非车载充电机（或）交流充电桩组成（至少有一台非车载充电机），可以为电动汽车提供充电和（或）更换动力蓄电池服务，并通过一系列结构复杂的设备相互配合，从而满足广大用户需求的一种充电设施，充电站结构如图6-1所示。目前较为成熟的充电站主要包括三种充电模式：交流充电设备、快速充电设备（非车载充电机）、快速更换蓄电池设备。

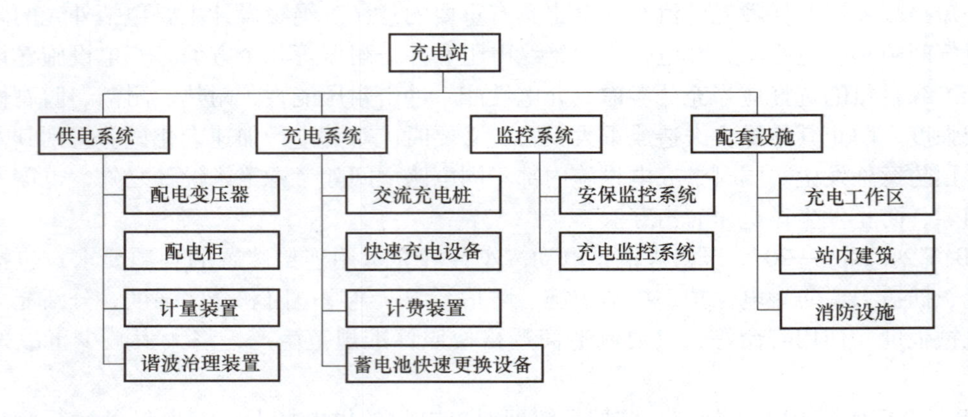

图6-1　充电站结构

（1）交流充电桩　交流电充电桩，是一种通用性最高的落地式充电设备，占地面积不超过0.4m^2，具有投资小、易安装、免维护等优点。通过聚电桩APP，可实现查找、预约充电组态现实监控的功能，此外通过聚电充电桩管理平台，可将充电桩与互联网连接，分享充电设备，这样不仅提高了充电桩的使用率，也解决了充电站车位空置和占有率低的问题。但是交流充电桩的充电速度较慢，一般充电时间为5～12h。

（2）快速充电设备　快速充电设备（非车载充电机）是由充电设备控制系统与动力蓄电池管理系统（BMS）对充电过程进行实时控制，适时根据动力蓄电池状态和动力蓄电池信息调整充电电压、电流，直至完成充电的一种设备。快速充电站可为多辆电动汽车同时快速充电，按小型轿车充电电流3C，理论快速充电时间仅需20min，按充电电流0.3C计算，充电时间为3～4h。

（3）快速更换动力蓄电池设备　快速更换动力蓄电池设备（简称换电站）利用大容量充电能力的充电站，连续为动力蓄电池组充电，并将充满电的动力蓄电池进行存储。当车辆需要充电时，只需进站更换动力蓄电池组就可完成充电，换下的动力蓄电池留在换电站继续充电，这样可以省去原本较长的充电等待时间。

3. 电动汽车无线充电设施

无线充电设施利用耦合的电磁场为媒介实现电能传递，车辆在道路上行驶的过程中能通过无线设备补充电能，无线充电设备可以充分利用车辆行驶时间进行充电。目前无线充电技术主要包括3种无线电能传输技术：电磁感应式、磁耦合共振式和电波式。

（1）电磁感应式无线电能传输技术　电磁感应现象是指导体在变化的磁通量中产生电

动势，若将此导体合成一个回路，则产生的电动势会驱动电子流动并形成感应电流。电磁感应式无线电能传输（ICPT）系统基于电磁感应原理实现电能输送，将空气作为介质，使能量从初级侧通过空气输送至次级侧。

（2）磁耦合共振式无线电能传输技术 使用“磁耦合共振”原理可以实现磁耦合共振式无线电能传输。在感应场中，磁场能量在辐射源附近和它内部之间循环往复地来回传递，并且借助这种现象，能将电磁共振技术应用于研究生产系统发射装置中。发射装置空间附近汇聚了大量未向外界辐射的交磁，而系统中的电容则束缚住了电场，使得它未向外界产生辐射的交磁。磁耦合共振式无线电能传输技术是一种在电磁场中使用高频磁共振作为彼此传输能量而不辐射到外部的装置。

（3）电波式无线电能传输技术 电波式无线电能传输技术也称为射频或微波（频率范围为300MHz～300GHz）WPT，它以微波为载体实现电能传输，在通过调节电路处理电能之后，再将电能供给负载。

4. 电动汽车充电设备充电接口

充电接口是指用于连接活动电缆和电动汽车的充电部件，它由充电插头和充电插座两部分组成。充电插头指在电动汽车传导式充电过程中，与充电插座的结构和电气进行耦合的充电部件，它与活动电缆装配连接或一体化集成组成充电电缆。在电动汽车的产业化过程中，充电接口的标准化至关重要。欧洲广泛使用的充电接口如图6-2所示。

充电类型有交流充电（慢充）和直流充电（快充）两种。我国制定的交流充电接口如图6-3所示，交流充电接口端子功能定义见表6-1，交流充电接口如图6-4所示，直流充电接口如图6-5所示。直流充电接口端子功能定义见表6-2。

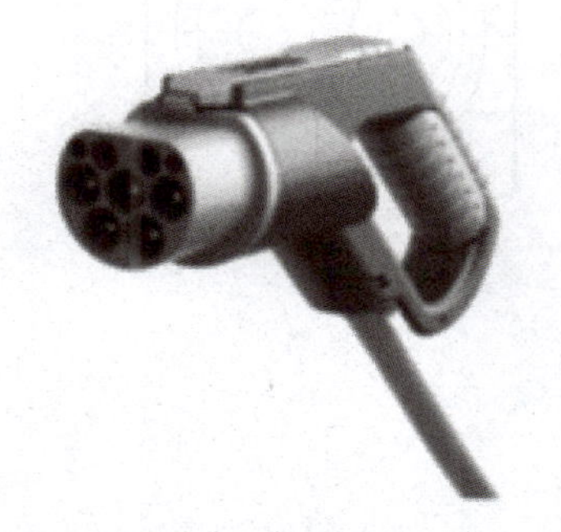

图6-2 欧洲广泛使用的充电接口

图6-3 我国制定的交流充电接口

表6-1 交流充电接口端子功能定义

触头编号/标识	额定电压和额定电流	功能定义
1——(L1)	250V 10A/16A/32A	交流电源（单相）
	440V 16A/32A/63A	交流电源（三相）
2——(L2)	440V 16A/32A/63A	交流电源（三相）
3——(L3)	440V 16A/32A/63A	交流电源（三相）
4——(N)	250V 10A/16A/32A	中性线（单相）
	440V 16A/32A/63A	中性线（三相）

（续）

触头编号/标识	额定电压和额定电流	功 能 定 义
5——(⏚)	—	保护接地（PE），连接供电设备地线和车辆电平台
6——(CC)	0～30V 2A	充电连接确认
7——(CP)	0～30V 2A	控制导引

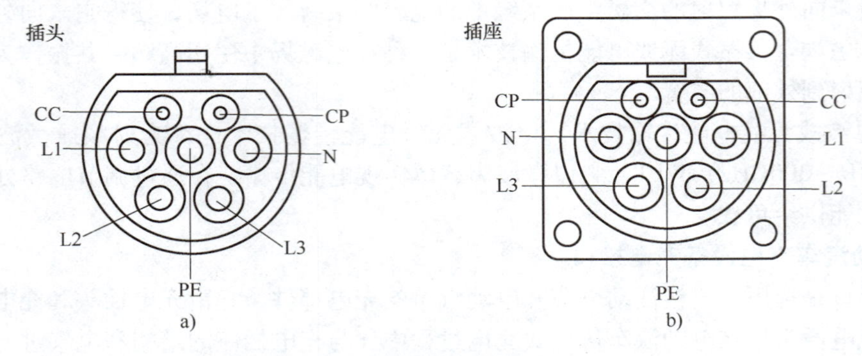

图 6-4 交流充电接口

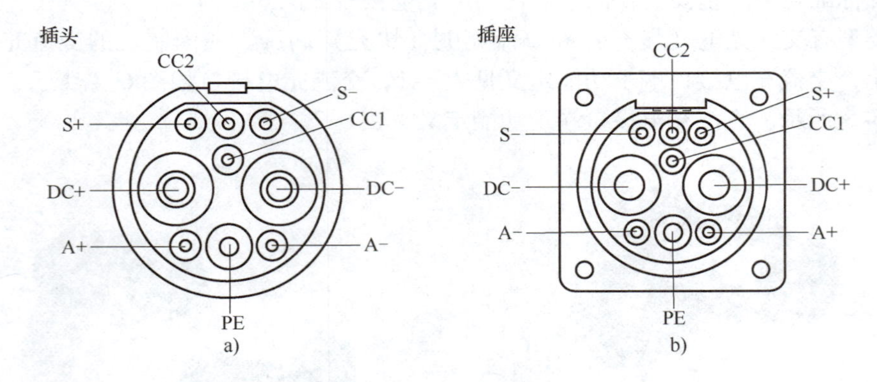

图 6-5 直流充电接口

表 6-2 直流充电接口端子功能定义

触头编号和标识	额定电压和额定电流	功 能 定 义
1——(DC+)	750V/1000V 80A/125A/200A/250A	直流电源正，连接直流电源正与电池正极
2——(DC-)		直流电源负，连接直流电源负与电池负极
3——(⏚)	—	保护接地（PE），连接供电设备地线和车辆电平台
4——(S+)	0～30V 2A	充电通信 CAN_H，连接非车载充电机与电动汽车的通信线
5——(S-)		充电通信 CAN_L，连接非车载充电机与电动汽车的通信线
6——(CC1)	0～30V 2A	充电连接确认 1
7——(CC2)		充电连接确认 2

（续）

触头编号和标识	额定电压和额定电流	功能定义
8——（A+）	0～30V 20A	低压辅助电源正，连接非车载充电机为电动汽车提供的低压辅助电源
9——（A-）		低压辅助电源负，连接非车载充电机为电动汽车提供的低压辅助电源

6.1.3 电动汽车充电设备结构和工作原理

根据安装位置的不同，充电设备可分为非车载充电机和车载充电机（固定安装在电动汽车上）两种类型。

1. 非车载充电机

非车载充电机安装在电动汽车车体外，通常固定安装在地面上，输入侧的交流电经过电能变换后转变为直流输出，并给电动汽车的动力电池组充电，因此也称为直流充电机。

（1）构成　根据 NB/T 33001—2018《电动汽车非车载传导式充电机技术条件》，非车载充电机的基本构成包括：动力电源输入、功率变换单元、输出开关单元、充电电缆和车辆插头，以及控制电源、充电控制单元、人机交互单元，也可包括计量等功能单元。充电机构成原理图如图 6-6 所示。

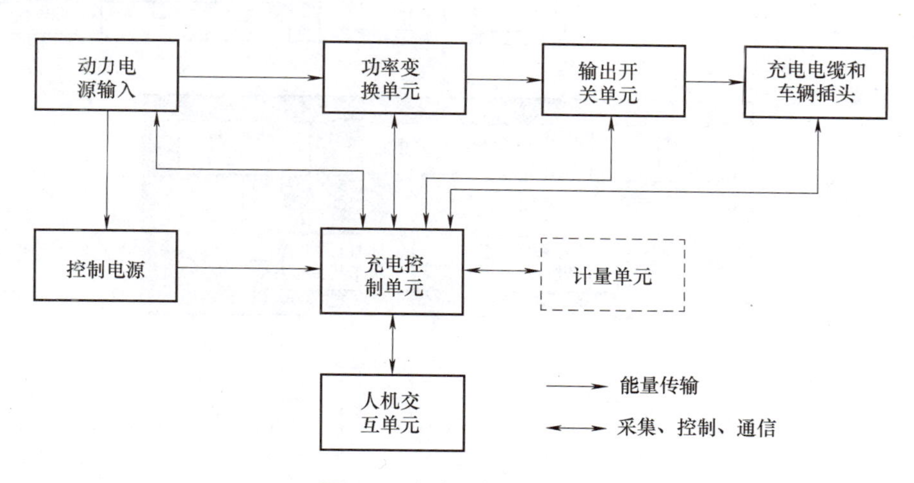

图 6-6　充电机构成原理图

注：图 6-6 中实线框内为充电机基本构成单元，虚线框内为可选构成单元。

（2）整流电路　整流电路由滤波器、DC/DC 变换器等元器件组成，其用途是将配电网中交流电源的交流电转换为满足电能质量要求的直流电。如图 6-7 所示。

（3）调整控制及保护电路　调整控制电路主要用于调节输出电压，通过对电压测量值与基准值进行比较，根据比较结果控制高频开关功率管的开关时间比例，从而调节输出电压。调整控制单元是由输出采样、信号放大、控制调节、基准比较等单元构成的 PWM 脉宽调制电路，电动汽车高频开关电源充电机调整控制电路原理结构如图 6-8 所示。信号输入及故障保护原理结构如图 6-9 所示。

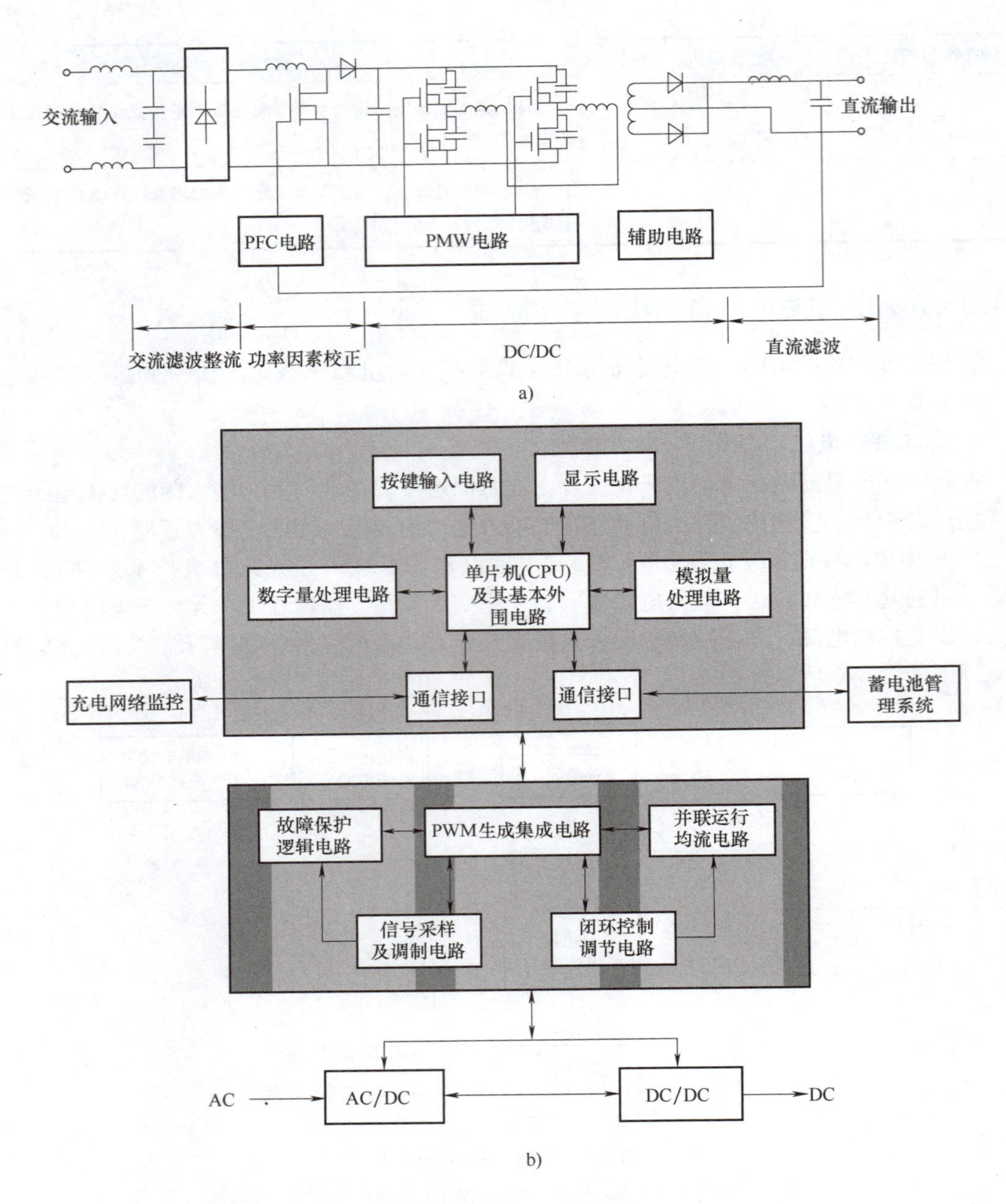

图 6-7　电动汽车高频开关电源充电机的电路原理及系统组成

a）原理接线图　b）充电系统框图

（4）功率因数校正网络　功率因数校正网络作用是通过控制单元使输入电流跟踪正弦基波电流，从而使其相位与输入电压相位相同，以保证稳定的输出电压和理想的功率因数。

（5）辅助电路　辅助电路包括手动调整、稳压电源、保护信号、事故报警以及通信接口电路等。

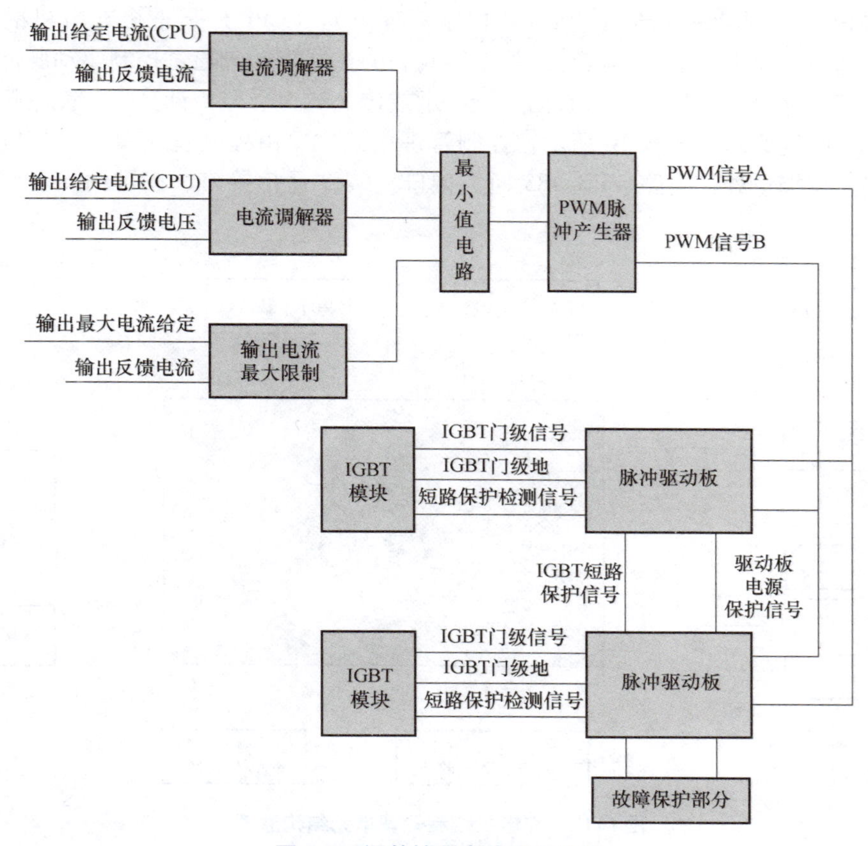

图 6-8 调整控制电路原理结构

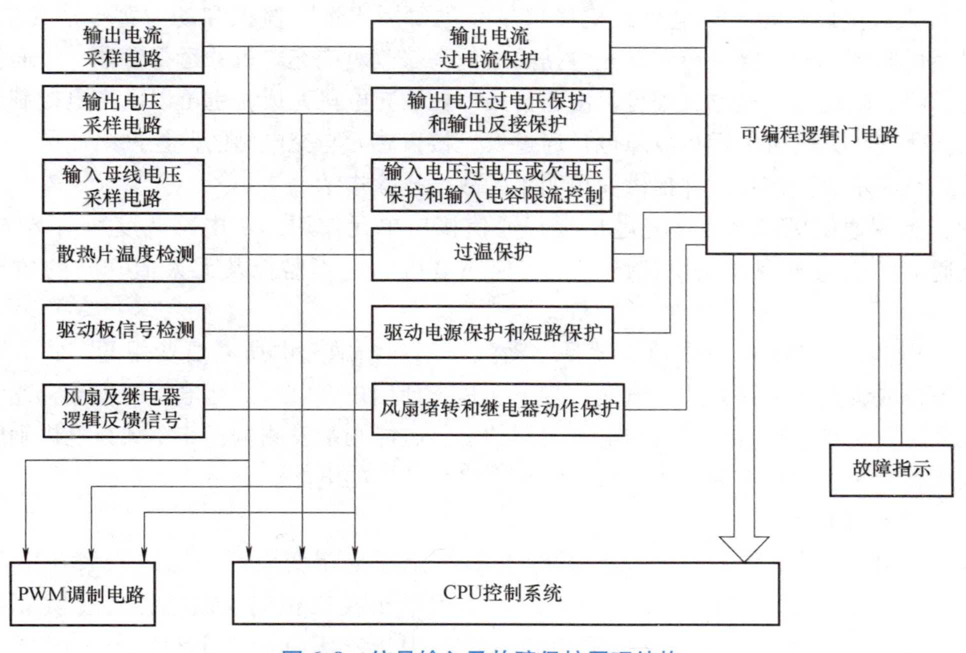

图 6-9 信号输入及故障保护原理结构

（6）充电机控制管理单元（CPU） 控制管理单元（CPU）是整个充电机的核心控制器，负责管理整个充电机的操作流程，处理接收到的控制指令，通过控制驱动脉冲系统来控制充电机启停，并将充电机的运行数据进行显示或传输给上层监控计算机。充电机控制管理单元（CPU）结构原理如图6-10所示。控制管理单元主要由控制管理单元及外围电路、数字处理电路、模拟量处理电路、RS-485通信接口、CAN通信接口、按键输入电路和显示电路等组成。

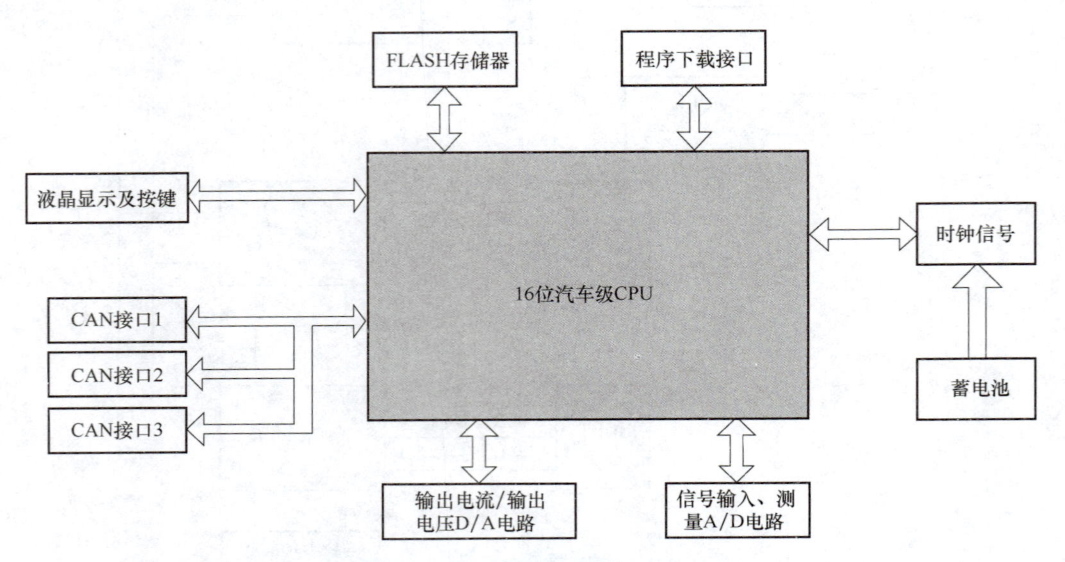

图6-10 充电机控制管理单元结构原理

（7）人机接口单元 充电机人机接口单元主要用于远程监控和动力蓄电池充电控制，充电机通过监控和记录接口单元与充电站的通信来修改对应充电机的运行参数，进而控制充电机的启停。电动汽车充电过程可以由通信接口控制充电机完成，也可以由充电控制逻辑单元控制。此外，充电机的运行故障也是通过人机接口单元与充电站的监控网络通信，由监控后台计算机显示故障信息，并提供简单明了的故障排除指示。

（8）远程通信接口单元 充电机远程通信接口单元作用是与电网调度通信网络接口，充电机通信协议与电网通信协议统一，实现充电机的远程监控及无人值守站的数据统一上传。

（9）电能计费单元 计费单元就是电动汽车用户缴纳充电所需要费用的方式，通常可以采用现金或者充值卡等方式。电能计量单元是统计用户充电所消耗电能的单元，通常交流充电桩采用安装在电动汽车接口与电源之间的智能电能测量表测量；非车载充电机则应选择直流电能测量表，测量电动汽车与直流输出端之间传输的电能。

2. 车载充电机

车载充电机（On-Board Charger，OBC）的整流等电能变换环节固定安装在电动汽车上，车外仅需要一个交流输入供电电源，可采用单相或三相交流供电，通过插头和电缆与交流插座连接，因此也称为交流充电机，适合用于家用电动汽车和服务于园区等场所的电动汽车。

表6-3为部分国内外供应商车载充电机的电气性能技术参数。可见，车载充电机的输入电压普遍在AC 85～265V之间，输出电压为DC 90～450V，输出电流最大为35A，输出功率基本在3.3kW，功率因数在0.99左右，效率≥93%。

表6-3　部分国内外供应商车载充电机的电气性能技术参数

供应商	输入电压（交流）/V	输入频率/Hz	输出电压（直流）/V	最大输出电流/A	额定功率/kW	功率因数	效率（%）
欣锐	90～265（单相） 200～460（三相）	—	200～800	—	2/3.3/6.6/10/20/40	—	96%
富特	85～265	45～65	240～430	12/24	3.3/6.6	—	>94%
中港电力	90～265	—	200～420/90～126	—	3.3	—	≥94
嘉盛	100～264	—	200～450/450～660	10/12/18	3.3/6.6	0.99	≥95.5
英飞凌	85～264	45～65	200～420	14	3.3	≥0.99	≥93

6.2　电动汽车充电

电动汽车的动力蓄电池组是用同类型和同型号的动力蓄电池用串联、并联或串并联方式组合而成，根据动力蓄电池的工作机理不同，动力蓄电池组的充电和放电的工作机理也有所不同。

6.2.1　电动汽车充电方法

对动力蓄电池的充电是动力蓄电池组的主要管理方面，正确地充电是保证动力蓄电池组正常工作和延长使用寿命的基本保养方法，动力蓄电池组的充电方法有以下几种。

1. 恒流充电

恒流充电时，始终都是以恒定不变的电流进行充电，恒定电流通过调整充电机的电流来控制，在一般的硅整流器充电机中即可实现，充电操作简单、方便，但要求采用以较小的电流、比较长的时间进行充电，恒流充电一般需要15h以上。恒流充电方式适合由多个动力蓄电池串联的动力蓄电池组的充电，其中低容量的动力蓄电池易于恢复。恒流充电的不足是，由于动力蓄电池的电阻在充电过程中会改变，因此恒定的电流值在充电的开始阶段远小于需求值，而在充电后期又大于需求值，整个充电时间长，析出气体多，充电效率不高，能耗高，现在已经较少采用单纯的恒流充电。

2. 恒压充电

恒压充电时对每个单体动力蓄电池均以某一恒电压进行充电。由于动力蓄电池的自身特性，在充电初期动力蓄电池电阻比较小，所以充电初期流过动力蓄电池的电流就很大，随着充电进程动力蓄电池的电阻慢慢增大，电流相应减小，因此在充电终期仅有很小的充电电流。在整个充电过程中始终采用同一电压值进行充电，操作比较简单。由于充电过程中电流自动减小，析出的气体少，能耗低，充电效率可达80%，如果充电电压选择恰当，充电约需8h。

这种充电方法的缺点是假如动力蓄电池深度放电，那么在充电初期充电电流会很大，这种过电流不仅危及充电机、损害动力蓄电池，而且有可能对操作人员的安全产生影响。如果采用的充电电压过低，充电后期电流过小，将大大延长充电时间。

3. 快速充电

对动力蓄电池进行快速充电既不能用恒流大电流充电，也不能用较高的恒压充电，否则动力蓄电池温度会很快上升，损伤电极和浪费电能。快速充电是使用电流用脉冲的方式输送给动力蓄电池，随着充电时间的延续，动力蓄电池有一个瞬间的大电流放电（称为负脉冲），使电极去极化。

4. 智能充电

智能充电应用 d_U/d_t 的技术，跟踪检测动力蓄电池端电压在单位时间内变化量，特别是在动力蓄电池充电的后期，不同类型的动力蓄电池在充电后期呈现不同的变化规律。智能充电动态跟踪动力蓄电池可接受的充电电流，保持充电电流始终处于动力蓄电池可接受的充电电流曲线附近，使动力蓄电池几乎在无气体析出的条件下先进行充电。只要已知 d_U/d_t 的值，动力电池的充电深度就基本确定，并可以判断终止的条件。

5. 均衡充电

在全浮式或半浮式充电运行的动力蓄电池组中，虽然动力蓄电池组中的动力蓄电池都是在相同的条件下运行，但由于某种原因可能出现各个动力蓄电池之间的不均衡，其主要出现在：

① 浮充发电机或充电机停止运转，由动力蓄电池组负责全部电能的供应时。

② 动力蓄电池组以较大的电流放电，动力蓄电池组放电后未能及时充电时。

③ 动力蓄电池组中有个别动力蓄电池的电压、电解质密度偏低，形成动力蓄电池组中动力蓄电池有差别时。

均衡充电实际上就是以小电流进行 1 ~ 3h 的充电过程，均衡充电不能频繁进行。

由于动力蓄电池的物理特性的复杂性，所以在充电时往往表现出非线性、不稳定性。采用上述的充电方式可以在一定程度上满足充电的需求，但没有达到最优的标准，即满足快速、安全、高效和节能。因此一般采用一种三段式的智能充电方式，即充电初期采用恒流充电，然后转为恒压充电，在后期采用浮充充电。三段式充电如图 6-11 所示。

在动力蓄电池开始充电之前，必须检测动力蓄电池是否过放电，如果没有，就直接进入正常充电阶段，如果是，动力蓄电池就必须采用涓流充电方式进行充电，当动力蓄电池的电压值慢慢恢复正常值之后才可进行正常充电。智能充电模式下，第一阶段恒流充电，采用一个恒定电流充电，随着充电的进行，动力蓄电池的电压也逐步上升。当达到某个电压阈值时恒流充电结束。第二阶段恒压充电，在动力蓄电池的两端加载一个恒定的电压，随着充电的继续进行，动力蓄电池的内部结构发生变化，电阻慢慢增大，从而流经动力蓄电池的电流值也随之减小。当电流值

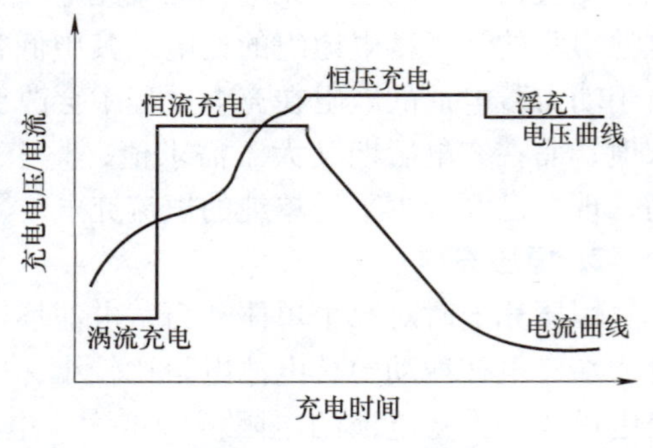

图 6-11　三段式充电

减小到某个下限时，恒压充电阶段结束，充电系统进入浮充阶段，这个阶段电流值继续减小，当达到一个很小的特定值时，就认定动力蓄电池充电结束。

6.2.2 电动汽车充电方式

电动汽车充电时，除了会增加大量负荷，影响系统频率，还会对系统电压产生重大影响。因此，需要研究电动汽车充电的调度策略，根据充电时间和充电频率来制订不同类型的充电策略。目前主要的充电策略有：非协调充电、协调充电、延时充电和非高峰充电。

（1）非协调充电　非协调充电是指电动汽车停泊时开始充电。这种类型的充电策略不需要智能调度，电动汽车车主在家里充电不需要考虑时间因素。电动汽车非协调充电的普及率会对分布式系统产生巨大影响，其不断提高系统的峰值负荷，这会对分布式网络的电能质量产生不利影响。并且这种充电方式会增加电网分布参数，如变压器和电缆的负荷，增大变压器的电流，从而降低电网的可靠性。

（2）协调充电　能够优化充电调度的协调充电策略可以避免电动汽车充电对电力负荷的负面影响，协调充电是指电动汽车在某一特定时间段充电，这个时间段通常是系统负荷水平较低的时间段。应用协调充电策略可以减小分布式网络的阻塞，减少新能源发电的浪费，从而节省投资成本。

智能充放电策略能够减少电力的日均成本，减小系统电压的偏差，减小变压器的负荷涌流和电力线路的电流。为了实施智能充放电策略，分布式网络需要安装智能电表，实施智能控制和通信技术。通过对充放电使用实时非线性电价，使用智能充放电策略的电动汽车车主还能够获得相应的经济收益。

（3）延时充电和非高峰充电　延时充电是指电动汽车在家充电时，接到信号将充电推迟到某一特定时间的充电策略。这种策略通常作为协调/非协调充电策略的补充。非高峰充电是指电动汽车在接收到电力公司的直接命令时才开始充电，这种充电策略使分布式网络稳定性更强，但是缺少一定的灵活性，需要和协调充电搭配使用。

根据电动汽车动力蓄电池组的技术和使用特性，电动汽车的充电模式存在一定的差别。对于充电方案的选择，现今普遍存在常规充电、快速充电和动力蓄电池组快速更换系统三种模式。

1. 常规充电

动力蓄电池在放电终止后，应立即充电（在特殊情况下也不应超过24h），此时充电电流相当低，大小约为15A，这种充电称为常规充电（普通充电）。常规动力蓄电池的充电方法都采用小电流的恒压或恒流充电，一般充电时间为5～8h，甚至长达10～20h。

因为所用功率和电流的额定值并不关键，因此常规充电的充电器和安装成本比较低，可充分利用电力低谷时段进行充电，降低充电成本，还可提高充电效率和延长动力蓄电池的使用寿命。常规充电模式的主要缺点为充电时间过长，有紧急运行需求时难以满足。

常规充电分为两种充电模式，分别为家庭充电模式和充电桩充电模式。每种模式又可分为普通充电、长寿充电与定时充电。一般默认为普通充电，通过手机可选择长寿充电与定时充电。长寿命充电电压截止参数见表6-4。

表 6-4　长寿命充电电压截止参数

温度/℃	≥25	10～25	≤10
电压截止/V	3.45	插值	3.55

2. 快速充电

常规动力蓄电池的充电方法一般时间较长，给实际使用带来许多不便。快速充电电池的出现，为纯电动汽车的商业化提供了技术支持。快速充电又称应急充电，是以较大电流短时间在电动汽车停车的20min～2h内为其提供短时充电服务，一般充电电流为150～400A。

快速充电所用的时间短，充电电池寿命长（可充电2000次以上），没有记忆性，可以大容量充电及放电，在几分钟内就可充70%～80%的电。由于充电在短时间内（10～15min）就能使动力蓄电池储电量达到80%～90%，与加油时间相仿，因此，建设相应充电站时可不配备大面积停车场。但是，相对常规充电模式，快速充电也存在一定的缺点，如充电器充电效率较低，且相应的工作和安装成本较高。由于采用快速充电，充电电流大，这就对充电技术方法以及充电的安全性提出了更高的要求，同时计量收费设计也需特别考虑。

（1）动力蓄电池温度影响　充电前检测动力蓄电池信息，如果发现 $U_{min}<1.5V$，则退出快充；$T_{min}\leq0℃$ 或 $T_{max}\geq55℃$，则闭环0A充电。

在低温、常温、高温区域，快充对应不同的电流，能有效避免高温充电过热、低温充电析锂等问题，在常温区进行大倍率充电，确保快充时间长。

（2）蓄电池单体电压影响　其中，U_1 对应动力蓄电池SOC为80%左右，U_1 的参数与温度有关，U_1 参数见表6-5。

表 6-5　U_1 参数

T_{min}/℃	25	10
U_1/V	3.440	3.475

单体蓄电池电压受温度变化影响特点：

① U_1 受蓄电池温度 T_{min} 影响，T_{min} 高于25℃时，取25℃点参数值；低于10℃时，取10℃参数值，在两者之间通过插值计算取值。

② 快充电流取“温度限流”和“单体电压限流”二者较小值。

在冬季，当蓄电池开始充电时温度较低，极化内阻偏大，电压上升非常快，会很快突破阈值，若采取了电流直降的方法，且快充第二阶段的电压阈值为 $U_{max}<3.64V$ 时，即使冬季充电进入不了0.8C充电，也可以确保进入快充第二阶段0.5C充电，确保冬季快充时间。

3. 动力蓄电池组快速更换

动力蓄电池组快速更换是通过直接更换电动汽车的动力蓄电池组来达到为其充电的目的。由于动力蓄电池组质量较大，更换动力蓄电池的专业化要求较强，需配备专业人员借助专业机械来快速完成动力蓄电池的更换、充电和维护。

电动汽车用户可租用充满电的动力蓄电池，更换电量已经耗尽的动力蓄电池，有利于提高车辆使用效率，也提高了用户使用的方便性和快捷性。将更换下来的动力蓄电池利用低谷时段进行充电，降低了充电成本，提高了车辆运行经济性，解决了充电时间长、储存电荷量小、动力蓄电池质量大、续驶里程短及价格高等难题。这种方式可以及时发现动力蓄电池组中单体蓄电池的问题，进行维修工作，对于动力蓄电池的维护工作将具有积极意义，动力蓄电池组放电深度的降低也将有利于提高动力蓄电池的寿命。

随着季节温度的变化，电动汽车的动力蓄电池总成温度也随之变化。夏季温度高时，若充电电流过大，则动力蓄电池系统温升将过高，使用寿命将迅速衰减，且存在安全风险；冬季温度低时，若充电电流过小，则充电时间将延长，影响顾客使用。

6.3　充电设施运营模式及发展趋势

6.3.1　充电设施规划布局基本原则

1. 充分发挥推广示范作用

新能源汽车产业处于发展初期，应重点考虑充电设施的示范效应，按照公交（电动大巴）—专用车—私家车的先后推广示范层次对充电设施进行合理的规划建设，从而增强示范效应，提高推广度。

2. 满足合理的服务半径

考虑城区区位等因素，结合新能源汽车推广及发展的阶段、新能源汽车未来发展趋势，适度超前，结合新能源汽车单次充电行驶里程选取合理的服务半径。

3. 充电设施应与交通量、充电需求量及电力负荷量相匹配

充电设施布局首先应该符合城市总体规划和交通规划的要求，根据片区的交通量、充电需求量进行合理布置。新能源汽车充电设施运营需要稳定的电力供应，规划布局应充分考虑充电装置的运行特点，同时考虑区域内的输配电网现状，提高充电装置的负荷承载能力，满足充电需求。

4. 协调统筹、集约高效原则

应主要围绕各类停车场进行充电设施的规划布局，集约高效利用城市有限资源，整合相关规划，将充电设施布局与城市公交、停车场、加油站等规划进行有机结合，实现资源共享。

5. 充电设施形式多样化

未来新能源汽车充电的两大方式分别是充电和更换动力蓄电池，各有优点，两种方式相结合布置可以提高新能源汽车的能源补给的科学合理性，满足不同需求。

6.3.2　电动汽车充电设施运营模式

1. 充电设施运营模式的选择

就我国目前的实际情况来看，三种运营模式都存在着一定的缺陷，无法满足目前的市场需求。政府主导的缺乏一定的市场灵活性，电网企业主导的缺乏一定的专业性，汽车厂商主导的缺乏一定的技术，而我国的电动汽车产业也已经从萌发阶段过渡到快速发展的重要阶段，因此将电网企业主导和汽车厂商主导两种运营方式进行融合才是最好的方法。汽车厂商和电网企业同时成为充电桩运营的主体时，可以将汽车厂商庞大的终端销售网络和运营经验

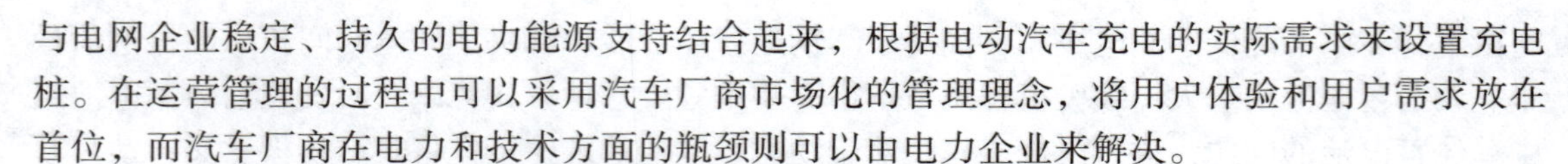

与电网企业稳定、持久的电力能源支持结合起来，根据电动汽车充电的实际需求来设置充电桩。在运营管理的过程中可以采用汽车厂商市场化的管理理念，将用户体验和用户需求放在首位，而汽车厂商在电力和技术方面的瓶颈则可以由电力企业来解决。

在未来的发展道路上，充电桩需要向着充电更快速、设备更通用的方向不断发展，只有实现更加便捷的出行方式，真正在节能减排、绿色环保的同时，为人们的出行带来便捷，才能够让电动汽车得到真正的普及，成为人们日常出行必不可少的交通工具。

根据所提供服务类型及产业链覆盖情况的差异，充电设施运营主要有两种商业模式。

（1）“硬件＋充电运营＋技术服务”商业模式 “硬件”是指将充电桩作为产品出售给客户；“充电运营”是指建设充电站，为客户的电动汽车提供充电服务，收取充电和服务费；“技术服务”是指通过大数据支持和远程管理，为客户提供车载导航、充电监控、充电策略支持服务。

（2）“数据服务”商业模式 大数据模式的特点是运营商本身不进行实际的充电桩运营，而是与上下游合作，通过免费提供信息的方式收集大数据，建立不同群体间的信任度，并通过出售大数据实现盈利。

2. 各种充电设施运营模式的特点

产业政策对市场表现有重要的影响，其中产业政策对技术专利研发和技术标准，充电基础设施产业链参与者以及商业模式完善和创新几个方面的影响更为明显。

未来随着产业政策进一步的完善和落实，中国电动汽车充电基础设施产业将得到更好、更快的发展，从而支撑电动汽车产业的可持续发展。

（1）“硬件＋充电运营＋技术服务”商业模式的特点 大部分采用该模式的充电服务运营商都是充电桩的生产商。该模式在充电桩制造业务的基础上，围绕充电桩提供延伸服务及其他增值服务，收入主要来源于产品销售及充电服务费用。由于电动汽车目前动力蓄电池容量小、渗透率低的现状，导致电动汽车生产商和充电服务运营商均难以实现盈利。

（2）“数据服务”商业模式的特点 该模式运营商的客户是车主和行业客户，其不参与实际运营，主要为客户提供平台数据服务。车主的诉求包括搜索（例如筛选、导航）、相互评价（例如充电或出售充电体验）和其他（例如分享旅行路线规划）。行业客户分为政府、车企、桩企和市场研究机构，诉求包括建设规划、勘探统计、汽车份额、电桩份额、车主偏好和意见反馈。通过大数据提供信息服务是近年来的新动向，但大数据的获得也需要基于一定规模的电动汽车市场。

6.3.3 电动汽车充电设施运营发展趋势

随着政府的支持力度加大，中国电动汽车产业快速发展，2019 年中国成为全球最大的电动汽车销售市场。中国从 2009 年以来，出台了一系列电动汽车充电基础设施产业政策，对产业发展具有至关重要的推动作用。产业的发展和竞争力的提升依赖于产业链条各个环节的改进，从产业链发展的角度分析充电基础设施市场的发展，通过市场表现与产业政策的关联分析，能够进一步反映产业政策的推动效果。

因此，可以基于充电基础设施产业链的发展及演进的视角，从产业链的上、中、下游中分别选取技术创新、运营情况、商业模式创新等指标，并将这些指标的变化与产业政策的出台进行关联分析，进而得出产业政策的作用和效果，充电基础设施产业市场表现与产业政策关联如图 6-12 所示。

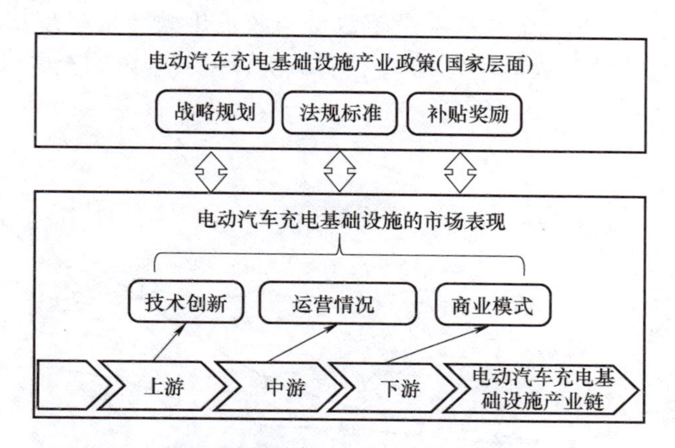

图 6-12 充电基础设施产业市场表现与产业政策关联

接下来将从技术、运营和商业模式 3 个视角，分别对中国电动汽车充电基础设施与政策进行关联分析，旨在进一步分析产业政策对市场表现的作用。

1. 技术视角

专利是衡量一个国家、地区或技术领域创新的重要指标，专利申请情况也可以用于反映电动汽车产业的技术创新程度。通过国家知识产权局的专利检索系统，以“电动汽车充电桩”或“电动汽车充电站”为关键词进行检索，梳理出 2009 ~ 2017 年共 1569 项专利，2009 ~ 2017 年充电基础设施产业专利申请数量与政策发布及生效数量对比如图 6-13 所示。

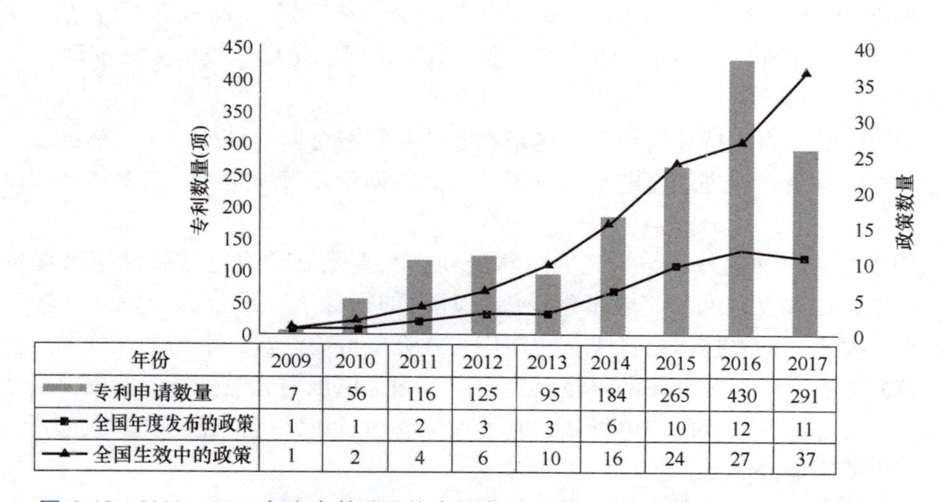

年份	2009	2010	2011	2012	2013	2014	2015	2016	2017
专利申请数量	7	56	116	125	95	184	265	430	291
全国年度发布的政策	1	1	2	3	3	6	10	12	11
全国生效中的政策	1	2	4	6	10	16	24	27	37

图 6-13 2009 ~ 2017 年充电基础设施产业专利申请数量与政策发布及生效数量对比

由图 6-13 可以看出，2009 ~ 2017 年中国电动汽车充电基础设施产业专利申请数量整体呈现明显的上升趋势，且与年度政策发布及生效数量的趋势基本一致。

2. 运营视角

从推动效果方面看，中国较为完善的电动汽车充电基础设施政策体系取得了良好的推动效果。2009～2017 年充电设施发展年度政策数量和充电桩数量对比如图 6-14 所示。

整体来看，中国电动汽车充电基础设施数量与政策生效数量呈现出较为一致的增长趋势。虽然 2017 年发布的政策数量较 2016 年稍有减少，但并未影响充电设施建设的扩张，说明政策成效显著。

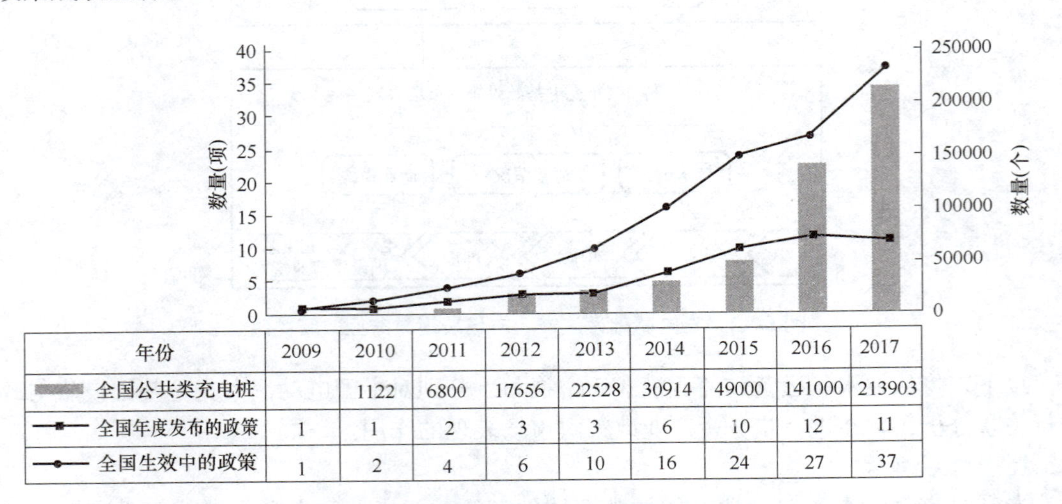

年份	2009	2010	2011	2012	2013	2014	2015	2016	2017
全国公共类充电桩		1122	6800	17656	22528	30914	49000	141000	213903
全国年度发布的政策	1	1	2	3	3	6	10	12	11
全国生效中的政策	1	2	4	6	10	16	24	27	37

图 6-14　2009～2017 年充电设施发展年度政策数量和充电桩数量对比

3. 商业模式视角

商业模式在电动汽车领域发挥着越来越重要的作用，作为电动汽车发展不可或缺的配套设施，充电基础设施的商业模式也受到了越来越多的重视。

除政府和社会资本合作（Public- Private Partnership，PPP）模式等发展战略的出台，《“十三五”国家战略性新兴产业发展规划》也从科技发展的角度，鼓励大力推动“互联网＋充电基础设施”发展，从而提高充电服务智能化水平。

在国家政策的大力支持和引导下，越来越多的互联网企业、科技公司、初创公司以及社会资本进入充电领域，促进了充电基础设施运营上的创新和市场竞争，主要体现在以下几个方面：

（1）附加服务增加额外收益　充电运营盈利难一直是制约充电基础设施市场发展的主要因素。首先，在“互联网＋充电基础设施”理念的指导下，运营商开始逐渐转变传统加油站式的充电模式，随着技术的进步，智能广告式充电桩逐渐走进市场。互联网企业在智能广告充电桩方面更具优势，如畅的科技已经面向全国提供该类充电桩，一般主要安装在购物中心、商业中心等人流较大的充电场景，它不仅能够通过正常提供充电收取服务费用，也能通过发布广告获得额外收益。

这一模式不仅有利于运营商的盈利，也能在一定程度上缓解电动汽车车主在充电过程中的等待焦虑。

（2）“众筹”模式降低成本　在这一模式中，无论是个人还是企业，都可以通过提供资金或者场地的方式参与充电基础设施建设，并在此后的运营中按比例分享服务费。

这一模式完全遵循了吸引社会资本、整合社会资源的战略规划，目前已经进驻北京，并且成为其他运营商推广和借鉴的宝贵案例。

（3）私桩共享模式减少资源浪费　在共享经济推动下，私桩共享模式成为星星充电在商业模式上的又一重要创新。私人车主可以将闲置状态下的充电桩共享出来，其他车主可以通过星星充电 APP 查询信息、预约充电。这种模式下，不仅私人车主获得了充电收益，降低了资源浪费，也能在一定程度上缓解充电桩供不应求的局面。目前，联合电动、华商三优等运营商也提供私桩共享服务，并取得良好反响。

（4）移动互联提供充电便利　随着互联网科技在日常生活中越来越重要，“互联网 + 充电基础设施”的商业模式也越来越清晰，APP 信息查询、移动支付、微信公众号扫码支付、远程云管理平台等服务创新已经成为运营商必不可少的服务，进而为用户提供了更便捷的充电体验。

另外，e 充网、北汽充电吧、南京云快车等信息服务平台提供商通过与不同运营商互联互通，进行资源整合，进一步为电动汽车车主提供了便利。

此外，从产业链的角度看，原有的充电基础设施制造商（如华商三优）积极布局充电设施运营、传统制造企业布局充电基础设施相关业务（如首钢公司）、整车企业与充电设施制造企业合作布局充电基础设施运营（如北汽新能源）以及智充科技、畅的科技等一批优秀互联网企业多方面布局充电领域的产业链变化也反映了社会资本进入充电领域后对充电基础设施产业的积极影响。

这些商业模式的创新以及产业链的变化，与产业链中各个参与者的积极探索密不可分，更与国家的 PPP 模式、补贴奖励、法规标准等政策的推动相关。

新能源汽车充电操作

【实施条件】

实施地点和要求：充电枪、电动汽车技术性能良好，工作正常。

实施时间：按照教学计划的安排，了解充电枪的结构和特点。

教学要求：根据新能源汽车专业的学生数量，将学生分成若干小组，每小组 5 人使用一套新能源汽车充电枪，指导教师先讲解并现场演示，学生再动手操作。

【实施步骤】

1）下载“广汽新能源”APP 并进行私桩绑定。

2）插枪待充。将充电枪连接新能源汽车充电接口。

3）启动充电。刷卡进入“私桩管理”界面，选择“启动充电”。

4）结束充电。若需要提前终止充电，请刷卡在 APP 端的“充电界面”中选择“停止充电”。

5）充电完成。充电完成后，将充电枪放回原位。交流充电机如图 6-15 所示。

图 6-15　交流充电机

“抗疫”中的无人驾驶设备

暴发新冠肺炎疫情以来，多家企业的无人驾驶设备投入使用，在保护医护人员和患者的“抗疫”工作中，发挥了重要作用，如图6-16所示。广州赛特智能研发的服务机器人，在广东省人民医院使用，其上搭载了实现无人驾驶所需的硬件设备和软件系统，能实现自主开关门、自主搭乘电梯、自主避开障碍物以及自主充电等功能。

图6-16　2020年新冠肺炎疫情“抗疫”中投入使用的无人驾驶设备

尽管自动驾驶汽车仍然饱受质疑，但还是有很多人期待其能从根本上改变我们的交通出行方式。共享出行有很长的路要走，而自动驾驶汽车未来也将有很长的路要走，若未来这两个领域在某一个时间点高度融合，那么这不仅是智能共享出行的一场革命，也将是自动驾驶汽车的一场革命，更是百年汽车史上的一次革命。

摘自王玉彪、郭海龙主编的机工版《新能源汽车技术发展导论》

本模块通过介绍电动汽车充电设备、电动汽车充电、充电设施运营模式的组成和工作原理，提高了读者的学习兴趣。

【填空题】

1. 采用直流电快充与慢充是有很大区别的，直流电快充能够在充电的过程中输出上千伏的电压，在如此高的______下，必须要采取一定的措施来保证______的安全性，否则会造成危险。因此需要对________过程进行控制，采用比较可靠的________协议，通过电子控制来干预充电的电压变化，从而提升电动汽车________的安全性。

2. 智能充电应用 d_U/d_t 的技术，跟踪检测动力蓄电池端______在单位时间内变化量，特别是在______充电的后期，不同类型的动力蓄电池在______后期呈现不同的变化规律。智能充电动态跟踪动力蓄电池可接受的充电电流，保持充电______始终处于动力蓄电池可接受的充电电流曲线附近，使______几乎在无气体析出的条件先进行充电。

【问答题】

1. 简述电动汽车充电设备的特点。
2. 简述电动汽车直流充电的工作原理。
3. 论述电动汽车充电设施运营模式。
4. 简述电动汽车交流充电特点。

参考文献

[1] 岳为众，张晶，刘颖琦. 产业政策与市场表现关联研究——以中国电动汽车充电基础设施为例 [J]. 经济与管理研究，2019，40（02）：82-94.

[2] 后培民. 电动汽车充电安全分析与解决方案 [J]. 时代汽车，2018（09）：71-72.

[3] 张晶，时玮，张元星，等. 电动汽车充电过程安全因素及动态预警 [J]. 电源技术，2019，43（05）：861-863+868.

[4] 崔继慧. 电动汽车充电设施与发展现状研究 [J]. 科技与创新，2019（15）：72-73+75.

[5] 任云. 电网企业电动汽车充换电设施运营模式分析研究 [J]. 机电信息，2018（36）：137-138.

[6] 叶昌森. 基于产业化电动车充电方法的应用研究 [J]. 汽车实用技术，2019（22）：24-25.

[7] 易桂波，沈志意. 绿色发展理念下新能源汽车充电设施规划布局研究 [J]. 中外建筑，2018（08）：179-180.

[8] 吴鹏飞，卢强，李杨，等. 中国未来电动汽车充电服务市场规模预测分析 [J]. 时代汽车，2019（16）：77-80.

[9] 牛妍妍. 新能源客车轻量化技术路径研究 [D]. 长春：吉林大学，2016.

[10] 孙哲. 纯电动汽车整车控制系统的研究与设计 [D]. 保定：河北农业大学，2015.

[11] 张雷，胡晓松，王震坡. 超级电容管理技术及在电动汽车中的应用综述 [J]. 机械工程学报，2017，53（16）：32-43+69.

[12] 周权. 超级电容器在电动汽车领域的应用 [J]. 电子技术与软件工程，2019（04）：220.

[13] 汤恩恩. 纯电动汽车电池管理技术的研究 [D]. 武汉：武汉理工大学，2014.

[14] 王星宇. 纯电动汽车整车驱动控制策略研究 [D]. 合肥：合肥大学，2019.

[15] 邱先文. 纯电动汽车技术状况及发展趋势研究 [J]. 小型内燃机与车辆技术，2019，48（06）：74-79.

[16] 冯健. 北汽纯电动汽车高压系统控制原理分析 [J]. 汽车维修，2018（06）：44-48.

[17] 聂光辉. 电动汽车电机控制器控制原理 [J]. 现代工业经济与信息化，2019，9（11）：56-57.

[18] 王佳. 纯电动汽车能量管理关键技术及高压安全策略研究 [D]. 北京：北京理工大学，2014.

[19] 黄余君. 2017 款江淮 iEV6E 纯电动汽车高压系统简介及故障排除 [J]. 汽车维护与修理，2018（24）：69-71.

[20] 张伟，向洪坤. 燃料电池汽车基本技术及发展综述 [J]. 智慧电力，2020，48（04）：36-41+96.

[21] 刘鑫. 汽车电动助力转向系统关键技术分析 [J]. 中国高新科技，2018（04）：10-12.

[22] 胡志林，张昶，杨钫，等. 电动汽车热泵空调系统技术研究 [J]. 汽车文摘，2019（05）：6-11.

[23] 侯涛，徐佳. 试论新能源汽车与能量回收技术 [J]. 汽车与驾驶维修（维修版），2018（09）：116-117.

[24] 王朝帅. 比亚迪 E6 纯电动汽车动力系统的结构及检修 [J]. 公路与汽运，2015（03）：29-31.

[25] 邵明标. 燃料电池的发展趋势及应用前景综述 [J]. 山东化工，2019，48（23）：71-73.

[26] 常雪嵩，周瑶，田萌，等. 燃料电池的发展与应用 [J]. 小型内燃机与车辆技术，2019，48（03）：71-74.

[27] 让松. 新能源汽车用动力电池综合评价体系简介 [J]. 汽车电器，2015（06）：62-64.

[28] 白国军，纪红刚，闻俊杰. 动力电机系统试验评价技术研究 [J]. 计量与测试技术，2018，45（01）：86-89.

[29] 吴海龙，孙晓明，卢晨. 室内台架测试平台的电动汽车测试系统 [J]. 河南科技大学学报（自然科

学版)，2018，39 (02)：48-53 +7.
[30] 周美兰，张小明，刘占华，等. 电动汽车道路工况模拟测试平台 [J]. 哈尔滨理工大学学报，2018，23 (01)：81-86.
[31] 李明. 电动汽车动力总成测试与评价方法研究 [D]. 天津：河北工业大学，2016.
[32] 陈立旦，齐忠蒙. 纯电动汽车核心零部件轻量化安全技术的研发 [J]. 科技资讯，2017，15 (01)：64-65.
[33] 张友龙，袁文强，芮凯，等. 纯电动汽车动力电池技术研究 [J]. 汽车实用技术，2018 (17)：19-22.
[34] 侯涛，徐佳. 新能源汽车技术发展现状和趋势分析 [J]. 时代汽车，2018 (07)：85-86.
[35] 张秋新，祖润青. 48V-BSG 混合动力系统研究 [J]. 汽车电器，2019 (03)：14-16 +18.
[36] 高惠明. 混联式混合动力耦合系统构型分析 (一) [J]. 汽车维修与保养，2017 (10)：78-81.
[37] 李美军. 混合动力电动汽车动力耦合方式的分类与比较 [J]. 公路与汽运，2008 (02)：24-27.
[38] 张慧琼. 新能源汽车与智能驾驶发展趋势 [J]. 时代汽车，2019 (09)：77-78.
[39] 王玉彪，郭海龙. 新能源汽车发展导论 [M]. 北京：机械工业出版社，2020.
[40] 高建平，郗建国. 新能源汽车概论 [M]. 北京：机械工业出版社，2018.
[41] 崔胜民. 新能源汽车概论 [M]. 北京：人民邮电出版社，2019.
[42] 孙旭，陈社会. 新能源汽车概论 [M]. 北京：机械工业出版社，2017.
[43] 严朝勇. 纯电动汽车故障诊断与维修 [M]. 北京：中国石油大学出版社，2018.
[44] 严朝勇. 电动汽车充电站的运行与管理 [M]. 重庆：重庆大学出版社，2017.
[45] 严朝勇. 电动汽车电机控制与驱动技术 [M]. 北京：机械工业出版社，2018.
[46] 邓盈. 电动汽车整车控制系统研究分析 [J]. 机械工程与自动化，2017 (06)：220-221 +224.
[47] 张志强，张晓莉，熊禹，等. 插电式混合动力汽车技术特点综述 [J]. 汽车实用技术，2016 (06)：120-122 +139.
[48] 王新旗. 插电式混合动力汽车结构原理简介 (一) [J]. 汽车维修与保养，2018 (10)：81-83.
[49] 刘浪，窦胜月. 插电式混合动力汽车能量管理策略优化研究 [J]. 汽车实用技术，2019 (05)：25-28 +45.
[50] 吴苗苗，张欢园. 增程式电动汽车 [J]. 汽车工程师，2013 (11)：59-61.
[51] 王神保，张戬. 增程式电动汽车 [J]. 汽车工程师，2012 (12)：48-50.
[52] 方杨伟. 增程式电动汽车的发展前景 [J]. 汽车时代，2020 (07)：86-88.
[53] 尚巍. 开关磁阻电机驱动 (SRD) 系统概述 [J]. 电子技术与软件工程，2020 (01)：201-203.
[54] 蒋翠翠，郑少鹏，彭杰辉，等. 浅谈新能源汽车常用的驱动电机类型及原理 [J]. 内燃机与配件，2021 (01)：73-76.
[55] 邱先文. 插电式混合动力汽车技术及研发状况分析 [J]. 小型内燃机与车辆技术，2018. 47 (03)：85-91.
[56] 谢海明，黄勇，王静，等. 插电式混合动力汽车能量管理策略综述 [J]. 重庆理工大学学报 (自然科学)，2015. 29 (07)：1-9.
[57] 李永康，刘金周，吴征. 增程式电动汽车产业浅析 [J]. 中小企业管理与科技 (中旬刊)，2020 (01)：48-50.
[58] 金勇，钱枫莉，张菲，等. 电动汽车充电基础设施建设研究 [J]. 产业与科技论坛，2017. 16 (06)：214-216.
[59] 贾雍，岑康. V2G 技术与电动汽车充电策略研究 [J]. 电气开关，2017. 55 (04)：83-86.